AF456946

CONSEIL GÉNÉRAL

DU

DÉPARTEMENT D'ALGER

SESSION DE 1871

DÉPARTEMENT D'ALGER

CONSEIL GÉNÉRAL

SESSION DE 1871

PROJET DE BUDGET

POUR L'EXERCICE 1872

ET

COMPTES ADMINISTRATIFS

DES EXERCICES 1869 ET 1870

ALGER
ASSOCIATION OUVRIÈRE, V. AILLAUD ET Cie,
Rue des Trois-Couleurs, 19.

1871

CONSEIL GÉNÉRAL

DE LA PROVINCE D'ALGER

PRÉSENTATION DU PROJET DE BUDGET

POUR L'EXERCICE 1872

MESSIEURS,

La situation financière du département vous est déjà connue. Nos embarras ont été maintes fois exposés devant les assemblées qui vous ont précédés ; leur origine, les causes qui les ont entretenus et aggravés, leur importance ont été l'objet de développements de la part de mes prédécesseurs et d'un soucieux examen de la part de vos devanciers. En un mot, cette situation est notoire. Il est pourtant de mon devoir de vous en retracer les principales circonstances ; je vais essayer de le faire dans une rapide esquisse.

Le décret du 27 octobre 1858, en constituant, de fait, les provinces algériennes par l'institution des Conseils généraux et la substitution des budgets provinciaux, au budget local et municipal, a attribué aux nouveaux budgets qu'il créait deux sources exceptionnelles de revenus ordinaires.

Une part de l'impôt arabe, perçu au profit du Trésor ;

Un cinquième du produit net de l'octroi municipal de mer.

C'est principalement, — j'allais dire : c'est presqu'exclusivement — de ces deux sources que notre budget a, jusqu'ici, tiré son alimentation ; mais si, tout d'abord, il y a puisé l'existence, il devait aussi y trouver les germes d'un trouble compromettant pour l'équilibre de son économie vitale.

D'un côté, en effet, la variabilité de l'impôt arabe est inconciliable avec les règles qui doivent présider à l'assiette d'un budget ; les événements que l'Algérie a eu à traverser depuis 1864, ont, par leurs conséquences, fourni à cet égard une démonstration malheureusement trop absolue.

En second lieu, l'attribution qui nous avait été transitoirement consentie sur les produits de l'octroi de mer avait, pour contre-partie, l'obligation, pour la caisse provinciale, de supporter les frais d'hospitalisation des malades indigents de la population civile. C'était donc, par le fait, une sorte d'abonnement à forfait imposé à la Province et qui devait être pour elle une charge des plus onéreuses, même après la mesure qui, depuis 1866, appelle les communes à intervenir dans la dépense pour une certaine part.

Notre constitution originelle était ainsi vicieuse, et notre budget devait broncher dès les premiers pas. On se préoccupa peu d'abord des défaillances que masquait un boni de plusieurs millions légué par l'ancienne caisse locale et municipale et au moyen duquel on put, durant quatre ans, parer aux insuffisances qui se manifestaient. Mais à partir de 1863, cette ressource extrême fit défaut et les difficultés se dessinèrent dans toute leur netteté. Les illusions, si l'on avait pu en conserver, devaient être de courte durée ; elles allaient s'évanouir au seuil de cette série de calamités qui ont frappé si douloureusement la Colonie pendant plusieurs années consécutives, et dont le résultat fut de diminuer, dans de notables proportions, le produit de l'impôt arabe, c'est-à-dire l'élément le plus sérieux de nos recettes.

D'embarassée qu'elle était, la situation allait devenir critique.

C'est alors que l'on commença, au détriment des services publics, à opérer d'énergiques retranchements non seulement sur celles des dépenses facultatives qui doivent être considérées comme essentielles, mais encore sur les dépenses obligatoires elles-mêmes ; et pourtant, malgré leurs exagérations, ces économies ne suffirent pas.

Vainement, pour arriver à l'équilibre — en même temps que l'on réduisait le chiffre des dépenses — persistait-on, à chaque nouvel exercice, dans des prévisions de recettes que semblait autoriser un retour passager aux circonstances normales : une nouvelle épreuve se présentait et venait encore décevoir de légitimes espérances.

Les déceptions s'accumulaient de la sorte, et cet équilibre déjouant d'inutiles efforts, fuyait au fur et à mesure que l'on croyait s'en rapprocher.

Diverses combinaisons furent tour à tour étudiées en vue

d'enrayer une situation qui devait fatalement conduire à un désastre. La plus sûre, la plus topique était assurément l'emprunt. Mais quel crédit pouvait rencontrer une caisse n'ayant, en propre, aucunes ressources fondamentales, et dont les revenus ne provenaient en réalité que de subventions de l'Etat, ou de dotations essentiellement mobiles?

L'établissement de la contribution foncière, en créant une source régulière de revenus ordinaires, par l'imposition des centimes additionnels, aurait mis le Département en mesure de s'adresser utilement aux capitaux privés ; mais une opération considérable devait le précéder, celle du cadastre qui exigeait plusieurs années de travail, et les fruits que l'on devait en retirer restaient encore dans une perspective lointaine.

C'est ainsi que, par une suite de campagnes désastreuses, se sont progressivement empirées des conditions déjà mauvaises à l'origine ; et que, malgré l'état de souffrance dans lequel sont restés les services, malgré le dépérissement dont nos édifices et voies de communication sont atteints, nous sommes arrivés à des déficits dont les chiffres réunis s'élèvent à plus de 1.052.000 fr.

Il est à observer que nous eussions été arrêtés dès les premiers pas, sans la disposition spéciale à l'Algérie, par laquelle le Trésor est autorisé à solder les dépenses provinciales dans la limite des dépenses inscrites au budget annuel, sans avoir égard au chiffre des recettes réalisées. C'est d'ailleurs une nécessité résultant de notre constitution financière, puisqu'ainsi que je l'ai mentionné plus haut, les principales ressources de la province proviennent de l'abandon à elle fait sur l'impôt arabe qui appartient à l'Etat et que, à cause de sa nature particulière, l'Etat, ne peut lui-même percevoir par douzièmes.

Mais l'époque est passée de ces expédients. La phase nouvelle dans laquelle l'Algérie s'engage en ce moment, veut que les principes généraux soient dorénavent appliqués comme dans la Métropole. Nous devons nous attendre au surplus à ce que l'Etat restreigne ses subventions exceptionnelles ; c'est une nécessité que lui imposent désormais les sacrifices auxquels la Mère-Patrie se trouve elle-même soumise. Il nous faut donc aujourd'hui envisager nos embarras face à face et nous mettre résolument en mesure de les combattre et d'arriver à les surmonter, pour si graves qu'ils soient.

Vous m'approuverez donc, Messieurs, de vous présenter un budget *exact*. Le projet que j'ai l'honneur de placer sous vos yeux est la représentation sincère des évaluations normales à inscrire aux recettes, ainsi que des dépenses auxquelles il y a lieu de satisfaire dans le cours de l'exercice qui va s'ouvrir.

Ce n'est pas à dire, bien entendu que les dépenses aient été calculées abstraction faite de nos difficultés financières ; je me suis attaché à les soumettre aux exigences de la plus stricte nécessité, mais je n'ai pas voulu m'astreindre à m'enfermer dans les termes d'une balance qui ne pouvait être que fictive, car nos ressources annuelles sont matériellement impuissantes à couvrir la part de déficit provenant de l'exercice 1870 au règlement duquel vous avez à procéder et qui s'impose tout d'abord à l'exercice 1872 pour une somme de 590,800 fr.

Vous ne vous étonnerez donc pas si ce projet se solde par un excédant de dépenses. L'examen minutieux que vous en ferez vous conduira, je l'espère, à maintenir les allocations qui vous sont demandées. Quand la somme réelle de nos besoins se trouvera ainsi véridiquement évaluée, vous apprécierez les limites dans lesquelles il vous restera à aviser pour renforcer les voies et moyens qui nous font défaut. Vous y pourvoirez assurément en adoptant des dispositions nouvelles pour la discussion desquelles je m'empresserai de vous fournir tous les éléments d'étude en mon pouvoir.

Dès à présent je puis citer trois combinaisons susceptibles d'apporter de très efficaces remèdes à la situation.

Vous n'hésiterez pas, j'en suis convaincu, à demander l'application immédiate de l'impôt foncier afin de pouvoir, au moins, user de la faculté de vous imposer les centimes additionnels au principal de cet impôt: soit comme il en a été question, que l'Etat renonce, pour un temps encore, à réclamer ce principal; soit même, si la Colonie doit d'ores et déjà le supporter, que vous obteniez d'en conserver transitoirement une part à votre profit. Sur ce point je me hâte de vous dire que si l'opération laborieuse du cadastre n'est pas encore totalement achevée, sur tous les points du département, elle est cependant assez avancée pour vous permettre de prendre vos déterminations en toute connaissance de cause.— Le dossier qui vous sera soumis vous le démontrera.

Votre attention se portera aussi sur l'importante question des hôpitaux. Le dernier Conseil général qui s'en est très sérieusement occupé avait conclu à répudier, en même temps que les avantages correspondants, les charges excessives que le décret organique du 27 octobre 1858 a imposé aux budgets provinciaux. — Les dépenses d'hospitalisation des civils indigents domiciliés incombent normalement aux communes seules. Quant aux immigrants n'ayant pas encore obtenu le domicile de secours dans la colonie, ils n'appartiennent pas plus à un département qu'à l'autre, et les frais qu'ils entraînent semblent devoir rester à la charge de la *colonisation* qui forme un chapitre du budget de l'Etat. Si vos votes devaient parvenir à faire prévaloir ces règles, la charge qui pèse particulièrement sur la Province d'Alger, où ces individus convergent, se trouverait considérablement allégée.

Vous ne sauriez vous désintéresser d'une autre mesure qui a également trouvé une large place dans les délibérations de vos prédécesseurs. Je veux parler de la surtaxe sur l'octroi de mer, projet déjà adopté par l'unanimité des Conseils municipaux et dont l'instruction a été complétée par M. le préfet Warnier, au point de vue de la participation des Départements algériens à la défense nationale. Sans doute, puisqu'il s'agit d'un octroi municipal, le budget départemental cesserait de profiter directement de ce surcroît de revenus le jour où il n'aurait plus à centraliser les dépenses des hôpitaux ; néanmoins, dans le cas où la haute sanction de vos suffrages devrait déterminer l'application de cette surtaxe, vos finances en retireraient un avantage très appréciable, en ce sens que vos obligations vis-à-vis des communes à subventionner, diminueraient en proportion du surcroît de recettes que la surtaxe leur procurerait.

Ces diverses mesures que je ne fais qu'indiquer ici font l'objet de rapports distincts déposés sur votre bureau. Elles vous conduiront, avec telles autres qui vous seront soumises et celles que vous suggérera l'esprit d'initiative dont vous êtes animés, à un ensemble d'où sortira sous peu de temps, sans doute, l'équilibre financier indispensable à la pratique de nos intérêts.

Mais il ne vous échappera pas que c'est seulement en nous assimilant les règles suivies dans la Métropole, en matière d'impôt, que nous arriverons à une fixité de régime sans laquelle nous ne saurions parvenir à cet équilibre que vous devez être ambitieux d'atteindre dans un avenir prochain.

Alger, le 25 novembre 1871.

Le Préfet en congé :

Le Secrétaire général de la Préfecture,

L. TELLIER.

COMPTE

DES

RECETTES ET DES DÉPENSES

des Exercices 1869 et 1870.

Aux termes de l'art. 53 du décret du 27 octobre 1858, les comptes administratifs des Recettes et des Dépenses provinciales doivent être soumis à l'examen du Conseil général.

En ce qui concerne le compte de l'exercice 1869, le Conseil n'ayant pas été appelé à se réunir pendant l'année 1870, ce document n'a pu recevoir la sanction préalable au règlement définitif ; c'est pourquoi j'ai l'honneur de soumettre ce compte au Conseil, en le priant de l'examiner. — Je soumets également à l'examen du Conseil, le compte de l'exercice 1870.

Chacun de ces deux documents est accompagné :

1° Du décret qui a réglé le Budget ;

2° D'un exemplaire du Budget ;

3° Des Comptes partiels des ordonnateurs en territoire militaire ;

4° Des décisions portant modifications et autorisations de crédits.

Je tiens à la disposition du Conseil les duplicata des pièces de dépenses qui, conformément aux règlements, ont été annexées aux mandats de paiements.

Ces comptes, qui sont l'expression exacte des faits de comptabilité accomplis pendant la durée de chacun des deux exercices, présentent les résultats suivants, savoir :

EXERCICE 1869

EN RECETTES :

Section 1re. — *Fonds libres des exercices antérieurs.*

Report de l'excédant des Recettes de l'exercice 1867		» »	» »
Section 2. — *Recettes obligatoires et ordinaires*		1.976.088 44	
A déduire pour le fonds commun :			
1° 6e/10e intégral de l'impôt arabe, abandonné aux budgets provinciaux par décret du 29 janvier 1868	231.907 22		
2° 15 0/0 des recettes ordinaires, déduction du 6e/10e	259.910 66	492 962 23	
3° 10 0/0 sur les autres recettes opérées sur constatations antérieures à 1868	1.144 35		
		1.483.126 21	1.483.126 21
Section 3. — *Recettes extraordinaires et facultatives*		599.616 49	
Augmentations suivant diverses décisions		163.167 39	
		762.783 88	762.783 88
Section 4. — *Recettes spéciales*			2.400.851 60
			4.646.761 69
A reporter			4.646.761 69

Report		4.646.761 69
De cette somme, il y a lieu de déduire, pour être reporté à l'exercice 1870, comme ne contribuant pas à la somme des ressources du Budget, l'excédant des Recettes sur les Dépenses :		
1° Des contingents communaux pour travaux de chemins	3.039 21	
2° Des contingents pour travaux et surveillance des canaux d'irrigation.	5.787 66	
3° Des subventions allouées sur fonds commun avec affectations spéciales..............................	1.347 »	
4° De la subvention de l'Etat sur les fonds de la *Société algérienne*	451.050 53	
5° De l'allocation pour indemnités aux propriétaires d'immeubles endommagés par le tremblement de terre du 2 janvier 1867	2.783 13	467.586 64
6° De la subvention pour secours aux populations éprouvées par le manque de récolte	261 74	
7° Du produit des charrues à vapeur..................................	166 37	
8° De la subvention de l'Etat pour entretien des orphelins indigènes ...	548 »	
9° Du legs Audric..	600 »	
Reste		4.179.175 05
A déduire par prélèvement sur les Recettes le déficit constaté au compte de l'exercice 1867......		466 296 94
Reste en Recettes proprement dites.....		3.712.878 11

EN DÉPENSES :

Section 1re. — Restes à payer des exercices antérieurs..........	138.608 70	
Section 2. — *Dépenses ordinaires et obligatoires*.....................	1.942.877 83	
Section 3. — *Dépenses extraordinaires et facultatives*............	180.609 65	
A reporter	2.262.096 18	3.712.878 11

Report	2.262.096 18	3.712.878 11
SECTION 4.— *Dépenses spéciales.*	1.914.465 89	
TOTAL des Dépenses effectuées.	4.176.262 07	
A ajouter pour reprises par suite de reversements....................	» »	
TOTAL	4.176.262 07	
Sur quoi il reste à payer :		
1° Pour mandats non présentés au payeur (déduction faite de 10,107 fr. 10 déjà compris dans le report ci-dessus, de 451.050 fr. 53) soit................... 3 172 37 2° A mandater ultérieurement pour dépenses non mandatées au 1er juin 1870...... 185.677 46	188.849 83	
Reste en Dépenses acquittées.	3.987.412 24	3.987.412 24
Partant, la balance du compte présente un excédant de dépenses de............................		274.534 13
Auquel il faut ajouter :		
Les restes à payer à inscrire au budget de 1871, suivant détail..........................	188.849 83	
A déduire :		
1° Les créances qui paraissent ne devoir plus être réclamées 1.448 80 2° Les créances constatées, mais à reporter au budget de l'exercice 1871 pour insuffisance de crédits votés.............. » »	1.448 80	
Reste.........	187.401 03	187.401 03
Par suite, l'excédant de dépenses se traduit par le chiffre de..................................		461.935 16

EXERCICE 1870

EN RECETTES :

SECTION 1re. — *Fonds libres des exercices antérieurs.*

Report de l'excédant de Recettes de l'exercice 1868		» »	» »
SECTION 2. — *Recettes obligatoires et ordinaires*		2.148.645 04	
A déduire pour le fonds commun :			
1° 6e/10e intégral de l'impôt arabe abandonné aux budgets provinciaux, par décret du 29 janvier 1868	276.058 55		
2° 15 0/0 des recettes ordinaires, déduction du 6e/10e	280.887 97	556.946 52	
3° 10 0/0 sur les autres recettes constatées antérieurement à 1868	» »		
Reste		1.591.698 52	1.591.698 52
SECTION 3. — *Recettes extraordinaires et facultatives*		693.265 52	
Augmentations suivant diverses décisions		44.648 »	
		737.913 52	737.913 52
SECTION 4. — *Recettes spéciales*			1.557.177 16
Total des Recettes			3.886.789 20

De cette somme il y a lieu de déduire pour être reporté à l'exercice 1871 comme ne contribuant pas à la somme des ressources du Budget, l'excédant des recettes sur les dépenses de :

1° Contingents communaux pour travaux de che-

A reporter	3.886.789 20

Report		3.886.789 20
mins de communication....	5.039 21	
2° Contingents pour travaux et surveillance des canaux d'irrigations....	5.787 66	
3° Subvention allouée sur fonds commun avec affectation spéciale.....	1.340 »	
4° Subvention de l'Etat sur les fonds de la Société algérienne............	397.461 59	
5° Allocation pour indemnités aux propriétaires d'immeubles endommagés par le tremblement de terre.	1.983 13	432.041 20
6° Allocation pour secours aux populations éprouvées par le manque de récolte.........	264 74	
7° Subvention de l'Etat pour entretien d'orphelins indigènes...........	1.253 50	
8° Legs Audric et Metz.	2.600 »	
9° Produit du service des charrues à vapeur..........................	16.311 37	
Reste...............		3.454.748 »
A déduire par prélèvement sur les Recettes, le déficit constaté au compte de l'exercice 1868......		913.702 42
Reste en Recettes proprement dites...		2.541.045 58

EN DÉPENSES :

Section 1re. — Restes à payer des exercices antérieurs..........	4.665 86	
Section 2. — *Dépenses ordinaires et obligatoires*..............	1.844.159 30	
Section 3. — *Dépenses extraordinaires et facultatives*..........	443.020 »	
Section 4. — *Dépenses spéciales*.	1.143.104 46	
Total des dépenses effectuées.	3.431.949 62	
A ajouter pour reprises, par suite de versements.......................	» »	
Total...... ...	3.431.949 62	
Sur quoi il reste à payer :		
1° Pour mandats non présentés au		
A reporter	3.431.949 62	2.541.045 58

Report		3.131.949 62	2.541.045 58
payeur (déduction faite de 11,900 » déjà compris dans le report ci-dessus de 397.461 59) soit	1.110 54		
2° A mandater ultérieurement pour dépenses non mandatées au 1er juin 1871...	194.747 61	195.858 15	
Reste en dépenses acquittées.		2.936.091 47	2.936.091 47
Partant, la balance du compte présente un excédant de dépenses de..............................			395.045 59
Auquel il faut ajouter :			
Les restes à payer à inscrire au budget de 1872, suivant détail d'autre part.........		195.858 15	
Desquels on peut déduire :			
1° Les créances qui paraissent ne devoir plus être réclamées.	102 20		
2° Les créances constatées, mais à reporter au budget de l'exercice 1872 pour insuffisance de crédits votés..............	» »	102 20	
Reste		195.755 95	195.755 95
Par suite, l'excédant des Dépenses se traduit par le chiffre de			590.801 84

Je me permettrai de faire remarquer à Monsieur le Président, qu'il doit adresser directement à M. le Gouverneur général civil les observations que le Conseil croira devoir faire sur les comptes dont il s'agit, ou à défaut d'observations, l'avis de la sanction qui aura été donnée à ces documents de comptabilité.

COMPTE ADMINISTRATIF

Des Recettes et des Dépenses de la Province d'Alger

EXERCICE 1869

DÉSIGNATION DES RECETTES.	ÉVALUATION DES RECETTES	DROITS constatés pendant l'exercice 1869	RECOUVREMENTS EFFECTUÉS
SECTION Ire			
FONDS LIBRES DES EXERCICES ANTÉRIEURS			
Report du restant libre sur les recettes de l'Exercice 1867	»	»	»
SECTION II			
RECETTES ORDINAIRES			
Loyers, fermages et rentes foncières provenant de biens ou de fondations compris dans le Domaine départemental ou constitués en propriété au département :			
§ 1er. — Loyers et fermages. — provenant des biens des corporations	16.000 »	21 579 80	21.087 28
— provenant des biens d'autre origine	3.600 »	6 000 »	3 000 »
§ 2. — Rentes foncières. — provenant des biens des corporations	2.000 »	1.744 57	1.429 24
— provenant des biens d'autre origine	4.565 »	4.500 »	4.500 »
Part revenant à la province sur le produit net de l'impôt arabe (6/10mes)	1,894.000 »	1.399.532 28	1,391.770 52
1/5 du produit de l'octroi municipal de mer, perçu dans les ports de la province	340,000 »	318.657 41	318.657 41
Remboursement par les particuliers des frais de traitement et d'entretien dans les hôpit. et hospices civils :			
§ 1er. — Remboursement du prix des journées dans les hôpitaux, par les communes, les corporations et par les malades aisés	150,000 »	355,305 77	147.461 14
§ 2. — Remboursement du prix des journées dans les hôpitaux par les services militaires	13,000 »	14.376 40	14.376 40
§ 3. — Remboursement du prix des médicaments et objets de pansement livrés par les hosp. civils	200 »	137 44	137 44
§ 4. — Remboursement du prix des pensions des vieillards et infirmes dans l'asile provincial de Douéra	14,400 »	10 001 »	10.061 »
§ 5. — Remboursement sur les frais de traitements des filles soumises	»	41.733 75	19.842 50
Remboursement sur les dépenses aux enfants trouvés et aux aliénés	32,000 »	69,265 78	25,678 62
Produit des amendes payées par les Arabes administrés par l'autorité civile	»	211 »	187 »
Prix des plaques, livrets et permis de départ délivrés aux membres des corporations de Berranis	»	82 »	89 »
Amendes payées par les membres desdites corporat.	»	»	»
Produit des expéditions des anciennes pièces ou des actes de l'administration déposés aux archives	80 »	75 35	73 35
Produit des diplômes des officiers de santé, sages-femmes, etc.	30 »	»	»
Taxes pour les visites des officines des pharmaciens, droguistes, herboristes et épiciers	2.000 »	532 »	518 »
Produit des amendes prononcées pour contraventions en matière de roulage et autres	600 »	447 51	447 51
Produit des amendes de police correctionnelle	15 000 »	31.140 43	17.253 05
Amendes diverses (licences et autres)	100 »	24 »	24 »
TOTAL DE LA SECTION II. — *Recettes ordinaires*	2.489.575 »	2.275.396 85	1.976.088 44
A déduire pour le fonds commun	642.036 25	538.932 46	492.962 23
RESTE NET	1.847.538 75	1.736.464 09	1.483.126 21

DÉSIGNATION DES RECETTES.	ÉVALUATION DES RECETTES.	DROITS constatés pendant l'exercice 1869	RECOUVREMENTS EFFECTUÉS.
SECTION III.			
RECETTES EXTRAORDINAIRES.			
Prix de vente d'immeubles et d'objets			
§ 1er. — Vente d'immeubles — provenant des [illegible]tions...	3.000 »	19.200 78	11.567 45
provenant d'a[illegible]ine...	» »	» »	» »
§ 2. Vente d'objets mobiliers — provenant des co[illegible]tions...	» »	4.372 00	4.318 77
provenant d'autre origine...	500 »	627 98	627 98
Remboursements de capitaux exigibles ou de rentes rachetées...	2 000 »	627 80	613 10
Subvention sur le fonds commun...	573.765 »	657.926 93	657.926 93
Part contributive de la province d'Oran dans les frais d'exposition à Alger des produits de l'Algérie..	1.500 »	1.500 »	1 500 »
Indemnité payée par le département de la Guerre à titre de compensation du logement en nature fourni aux officiers de gendarmerie...	1.560 »	1 554 67	1.554 67
Dons et legs dûment autorisés. — Legs Audric...	» »	600 »	600 »
Subvention de l'État...	» »	72.000 »	72.000 »
Subvention à la province pour frais de police centrale.	» »	6.405 46	6.405 46
Part des communes dans les dépenses du service médical...	» »	5.025 »	5.625 »
Recettes accidentelles...	1.000 »	44 52	44 52
TOTAL DE LA SECTION III. — *Recettes extraordinaires*.	583.325 »	770.485 23	762 783 88
SECTION IV.			
RECETTES SPÉCIALES.			
Contingents communaux et souscriptions particulières pour travaux de chemins de grande communication.	» »	15.039 21	11.039 91
— de moyenne communicat.	» »	» »	» »
Contingent pour travaux d'irrigation...	» »	5.856 37	5 836 37
Subvention pour travaux de routes provinciales et de chemins...	1.275.000 »	2.057.913 59	2.0[illegible]7.913 59
Subvention pour entretien d'orphelins indigènes...	» »	19.300 »	19.300 »
Id. pour secours aux populations éprouvées (1).	» »	51.953 74	51.953 74
Indemnités variables aux géomètres du cadastre...	130,000 »	99 851 19	99.851 19
Id aux propriétaires d'immeubles (2)...	» »	6.513 13	6.513 13
(Pour indemnité). Reversement du Budget de (3)...	» »	134 500 »	134.500 »
Produit des charrues à vapeur...	» »	19.676 »	13,924 37
TOTAL DE LA SECTION IV. — *Recettes spéciales*...	1.405 000 »	2.410.603 23	2 400.851 60
RÉCAPITULATION			
SECTION Ire...	» »	» »	» »
— II...	1.847.538 75	1.736,464 09	1.483,126 21
— III...	583 325 »	770 485 23	763.783 88
— IV...	1 405 000 »	2.410,603 23	2.400,851 60
TOTAL GÉNÉRAL DES RECETTES...	3,835.863 75	4.917.552 55	4.646.761 69
A déduire le déficit constaté au compte de 1867 par prélèvement sur les recettes			466.296 94
RESTE EN RECETTES...			4.180,464 75

(1) Par le manque de récoltes.
(2) Endommagés par le tremblement de terre du 2 janvier 1867.
(3) L'État, par suite de double emploi.

DÉSIGNATION DES DÉPENSES.	CRÉDITS DÉFINITIFS.	DÉPENSES EFFECTUÉES
SECTION Ire.		
RESTES A PAYER DES EXERCICES ANTÉRIEURS.		
CHAPITRE Ier		
Dépenses comprises dans les comptes des exercices antérieurs :		
Territoire civil	138,510 34	138,510 34
Territoire militaire	446 36	446 36
CHAPITRE II.		
Dépenses non comprises dans les comptes des exercices antérieurs :		
Territoire civil..	9.615 96	9 615 96
Territoire militaire.	36 04	36 04
TOTAL DE LA SECTION Ire........	138.608 70	138 608 70
SECTION II		
DÉPENSES ORDINAIRES OBLIGATOIRES.		
CHAPITRE Ier.		
Frais de perception des revenus provinciaux et remboursements :		
Art. 1er. — Abonnement avec le Trésor pour les frais de perception des revenus provinciaux recouvrés par les agents financiers	5.675 21	5.675 21
Art. 2. — Part des chefs indigènes chargés d'assurer la perception de l'impôt arabe..	» »	» »
Art. 3. — Part des chefs indigènes chargés d'assurer la rentrée des amendes infligées aux Arabes en territoire militaire	» »	» »
Art. 4. — Remboursements, restitutions et non-valeurs..	12.525 92	12.525 92
Total du chapitre Ier........	18.201 13	18.201 13
CHAPITRE II.		
ADMINISTATION.		
Art. 1er. — Loyers des hôtels de Préfecture, de Sous-Préfectures, des Commissariats civils et du bâtiment académique	20.812 28	20.812 28
Art. 2. — Ameublement et entretien de l'hôtel de la Préfecture, de l'hôtel de la Division, des hôtels des Sous-Préfectures, des Commissariats civils et du local affecté au service académique..	8.143 70	8.143 70
Art. 3. — Archives de la province..	2.799 92	2.799 92
Art. 4. — Cours d'assises et tribunaux. Traitement des concierges, etc. Loyers, mobiliers, menues dépenses, etc.	41.768 21	40.428 21
Art. 5. — Casernement de la gendarmerie........	64.570 25	64.570 25
Art. 6 — Frais de police centrale à Alger	6 403 46	6.405 46
Art. 7 — Prisons civiles. Locations d'immeubles	3.275 20	3.275 20
Art. 8. — Dépenses diverses. Frais de tenue du Conseil général, du Conseil d'hygiène publique. Exposition provinciale des produits de l'agriculture, etc. Frais de bureau de l'inspecteur de l'Académie. Vaccination publique. Mesures contre les épidémies et les épizooties. Impressions à la charge de la province, etc.. etc	9 143 31	9.143 31
Total du chapitre II........	156,918 33	155,578 33

DÉSIGNATION DES DÉPENSES.	CRÉDITS DÉFINITIFS.	DÉPENSES EFFECTUÉES.
CHAPITRE III.		
ASSISTANCE PUBLIQUE.		
Art. 1er. — Dépenses générales d'assistance et hospices....	665.650 04	840 670 89
Art. 2. — Orphelinats	117.451 89	116.903 59
Art. 3. — Enfants trouvés et abandonnés en nourrice.....	37.451 43	37.371 03
Art. 4. — Aliénés indigents	55.761 04	55.761 04
Art. 5. — Service médical de colonisation.	51.655 51	51.655 51
Art. . — Secours pour événements calamiteux et aux colons indigents n'ayant pas domicile de secours..........	5.200 »	5.200 »
Art. 7. — Secours de route et de repatriement pour les voyageurs indigents..........	587 60	587 60
Total du chapitre III.........	933.758 31	1.117.159 26
CHAPITRE IV.		
TRAVAUX.		
Art. 1er. — Entretien des bâtiments à la charge de la province	49.148 60	49.143 85
Art. 2. — Grosses réparations des bâtiments à la charge de la province.	11.700 »	11 456 32
Art. 3. — Entretien des routes à la charge de la province..	377.263 87	376.078 79
Art. 4. — Grosses réparations des routes à la charge de la province..........	»	»
Total du chapitre IV........	438.112 47	436.678 96
CHAPITRE V.		
PRIMES, SUBVENTIONS, ENCOURAGEMENTS.		
Art. 1er. — Part contributive de la province dans la subvention annuelle attribuée à l'École préparatoire de médecine et de pharmacie d'Alger........	4 000 »	4 000 »
Art. 2. — Primes pour la destruction des animaux nuisibles ou dangereux....................	1.680 »	1.680 »
Total du chapitre V.........	5.680 »	5.680 »
CHAPITRE VI.		
SERVICES INDIGÈNES.		
Art. 1er. — Subvention aux Communes pour dépenses d'administration indigène.........	23.870 »	23.870 »
Art. 2. — Assistance musulmane	115.900 »	115.900 »
Art. 4. — Écoles musulmanes....	2.000 »	2.000 »
Art. 3. — Culte musulman.........	50.227 88	50.227 88
Art. 5. — Subsides.........	17.583 27	17.582 27
Total du chapitre VI......	209 580 15	209.580 15
RÉCAPITULATION DE LA SECTION II.		
Chapitre 1er. — Frais de perception des revenus provinciaux et remboursements.........................	18 201 13	18 201 13
Chapitre 2. — Administration..........................	156 018 33	155.878 33
Chapitre 3. — Assistance publique.....	933 758 31	1.117.159 26
Chapitre 4. — Travaux..................	438.112 47	436.678 96
Chapitre 5. — Primes, subventions, encouragements......	5.680 »	5.680 »
Chapitre 6. — Services indigènes............	209 580 15	209.580 15
TOTAL DE LA SECTION II.....	1.762.250 39	1.944 877 83

DÉSIGNATION DES DÉPENSES	CRÉDITS DÉFINITIFS.	DÉPENSES EFFECTUÉES.
SECTION III.		
DÉPENSES EXTRAORDINAIRES ET FACULTATIVES		
CHAPITRE Ier		
Frais de perception des revenus prov. et remboursements..	» »	» »
CHAPITRE II.		
ADMINISTRATION		
Art. 1er. — Subventions, subsides, indemnités..............	5.850 »	5.850 »
Art. 2. — Frais de publication des délibérations du Conseil général)..	2.200 »	2.200 »
Art. 3. — Fêtes publiques et nationales	2.200 »	1.975 14
Art. 4. — Assurances des bâtiments provinciaux contre les risques de l'incendie	2.045 »	2.044 99
Art. 5. — Dépenses diverses................................	1.800 »	917 »
Total du chapitre II..........	14.095 »	12.987 13
CHAPITRE III.		
ASSISTANCE PUBLIQUE.		
Art. 1er. — Subventions aux institutions de bienfaisance dans le but d'arriver à l'extinction de la mendicité.......	» »	» »
Art. 2. — Secours à d'anciens employés des serv. prov... .	500 »	450 »
Art 3. — Entretien de jeunes aveugles ou de sourds-muets dans les établissements spéciaux........	320 »	» »
Art 4. — Subventions de bienfaisance. (Subvention à l'établissement du Bon Pasteur, Secours à l'orphelinat de Bi[illegible]matie. Secours aux sœurs gardes-malades, dites du Bon-Secours, à Alger. Subvention à l'Ambulance de l'Alma)..	12 200 »	12.199 96
Art. 5. — Acquisitions et dotations.	30.000 »	30.000 »
Total du chapitre III	43.020 »	42.649 96
CHAPITRE IV.		
TRAVAUX.		
Art. 1er. — Constructions des routes à la charge de la province et des ouvrages d'art qui en dépendent..........	» »	» »
Art 2. — Construction des bâtiments affectés aux préfectures, sous-préfectures et commissariats civils..........	» »	» »
Art. 3. — Construction de tribunaux	» »	» »
Art. 4. — Construction de casernes de gendarmerie......	» »	» »
Art. 5. — Construction de prisons	» »	» »
Art. 6. — Construction de tous autres bâtiments à la charge de la province..	» »	» »
Art. 7. — Part contributive dans les dépenses de travaux de dessèchement...	» »	» »
Art. 8. — Part contributive dans les travaux d'endiguement et d'irrigation..	» »	» »
Art. 9. — Subventions aux communes pour construction de chemins vicinaux de grande communication..........	74.700 »	74.700 »
Art. 10.— Subventions aux communes pour construction ou grosses réparations d'églises, presbytères, etc.	» »	» »
Art. 11. — Concours aux dépenses des opérations topographiques et des mesures de cantonnement, dans l'intérêt de la colonisation	» »	» »
Art. 12. — Primes, subventions et garanties d'intérêt accordées à des compagnies, associations ou particuliers, pour l'exécution de grands trav. d'utilité génér. et prov.	» »	» »
Art. 13. — Indemnités aux agents du service des bâtim. civ.	» »	» »
Total du chapitre IV	74.700 »	74.700 »

DÉSIGNATION DES DÉPENSES.	CRÉDITS DÉFINITIFS.	DÉPENSES EFFECTUÉES.
CHAPITRE V.		
PRIMES. — SUBVENTIONS. — ENCOURAGEMENTS.		
Art. 1er. — Primes à distribuer lors des expositions, achats de médailles	» »	» »
Art. 2. — Subventions pour les courses de chevaux	3 000 »	3.000 »
Art. 3. — Subventions aux communes pour établissement de pompes à incendie	» »	» »
Art. 4. — Subventions aux théâtres autres que celui d'Alger	» »	» »
Art. 5. — Restauration des monuments historiques et recherches archéologiques	2.980 »	2 336 92
Art. 6. — Entretien de bourses ou fractions de bourses	12.000 »	11.400 »
Art. 7. — Entretien d'élèves sages-femmes à la maternité de Paris	» »	» »
Art. 8. — Gratifications pour belles actions et actes de dévoûment	» »	» »
Art. 9. — Encouragements divers à l'agriculture, etc.	14.730 »	14.620 74
Art. 10. — Indemnités aux employés de la Préfecture pour travaux extraordinaires du Conseil général	1.000 »	1.000 »
Art. 11. — Subvention aux communes pour insuffisance de revenus	8.000 »	8.000 »
Total du chapitre V	41 710 »	40.356 66
CHAPITRE VI.		
SERVICES INDIGÈNES.		
Article unique. — Subventions aux diverses institutions de bienfaisance musulmane	» »	» »
CHAPITRE VII.		
Réserve pour dépenses diverses et imprévues	10.019 28	9 915 90
RÉCAPITULATION DE LA SECTION III.		
Chapitre 1er. — Frais de perception des revenus provinciaux et remboursements	» »	» »
Chapitre 2. — Administration	14.095 »	12 987 13
Chapitre 3. — Assistance publique	43.020 »	42 649 96
Chapitre 4. — Travaux	74.700 »	74.700 »
Chapitre 5. — Primes, subventions, encouragements	41.710 »	40.356 66
Chapitre 6. — Services indigènes	» »	» »
Chapitre 7. — Dépenses diverses et imprévues	10.019 28	9.915 90
TOTAL DE LA SECTION III	183.544 28	180 609 65
SECTION IV.		
DÉPENSES SPÉCIALES.		
Contingents communaux et souscriptions particulières pour travaux de chemins de grande et de moyenne communications, etc.	11.039 21	6.000 »
Travaux d'entretien et de surveillance des canaux à la charge des usagers (contingents)	5.836 37	[illegible]68 71
Subvention de l'État pour entretien de routes provinciales et de chemins de grandes communication	2.042.869 42	1.601 918 99
Indemnités aux propriétaires d'immeubles endommagés par le tremblement de terre du 2 janvier 1867	6.513 13	3 730 »
À reporter	2 066.278 13	1 616.767.70

DÉSIGNATION DES DÉPENSES	CRÉDITS DÉFINITIFS	DÉPENSES EFFECTUÉES
Report........................	2,060,278 13	1,616,767 70
Frais de mission aux membres de la commission du Sénatus-Consulte..........................	2.700 »	2.650 »
Indemnités variables aux géomètres du Cadastre	130,000 »	99,851 19
Remboursements pour trop perçu...............	134 500 »	134,500 »
Dépenses du service des charrues à vapeur............. ...	13.934 37	13.758 »
Secours aux populations éprouvées par le manque de récoltes......	51.933 74	51.689 »
TOTAL DE LA SECTION IV......	2.399.356 24	1.914.165 89

RÉCAPITULATION GÉNÉRALE

SECTION Ire. — Restes à payer des exercices antérieurs. ...	138.608 70	138.608 70
SECTION II. — Dépenses ordinaires et obligatoires.........	1.762 250 39	1,942.877 83
SECTION III. — Dépenses extraordinaires et facultatives....	183.544 28	180,609 65
SECTION IV. — Dépenses spéciales	2.399.356 24	1,914,165 89
TOTAUX GÉNÉRAUX.............	4.483 759 61	4.176.902 07

BALANCE GÉNÉRALE

Le total des recettes effectuées s'élève à..............................		4.646.761 02
Duquel il y a lieu de retrancher le montant de la reprise faite par le Trésor pour le découvert constaté au compte de l'exercice 1867		466.296 04
Reste		4.180.464 75
De cette somme il y a lieu de déduire, pour être reporté à l'exercice 1870, l'excédant des recettes sur les dépenses :		
1° Des contingents pour travaux des chemins de grande et moyenne communication.	5.030 21	
2° Des contingents pour travaux et surveillance des canaux d'irrigation	5.787 06	
3° Des subventions sur fonds communs avec affectation spéciale	1.347 »	
4° De la subvention sur les fonds de la Société algérienne	451.150 53	467.586 64
5° De la subvention pour indemnités aux propriétaires d'immeubles endommagés par le tremblement de terre......	3.783 12	
6° De la subvention pour secours aux populations éprouvées par le manque de récoltes	264 74	
7° Du produit des charrues à vapeur..................	166 37	
8° De la subvention pour entretien d'orphelins indigènes.	848 »	
9° Du legs Audric	000 »	
Reste pour recettes proprement dites		3.712.878 11
Le montant des dépenses effectuées est de..	4 176.262 07	
A ajouter pour reprises, par suite de reversements.....	»	
Total des dépenses......	4 176.262 07	
Sur ce total il reste :		
1° A payer pour mandats non présentés au payeur.................................... 3.172 37	188.849 83	
2° A mandater ultérieurement pour dépenses non mandatées au 1er juin 1870.............. 185 677 46		
Reste en dépenses acquittées..........	3.987.412 24	3.987.412 24
La balance du compte donne pour résultat un excédant de.		274 534 13
A cet excédant il y a lieu d'ajouter les restes à payer à inscrire au budget de report de l'exercice 1870 suivant détail d'autre part et ci-dessus..	188.849 83	
A déduire :		187.401 03
Les créances anciennes qui paraissent ne pas devoir être réclamées et les excédants de constatation.........	1.448 80	
Les créances constatées, mais à porter au budget de l'exercice 1870 par suite d'insuffisance de crédits votés	»	
Par suite, l'excédant réel des dépenses se traduit par le chiffre de.. ..		461 935 16

Le présent compte est certifié véritable dans toutes ses parties par nous Préfet du département d'Alger.

Alger, le 8 août 1870.

Le Préfet,

LE MYRE DE VILERS.

Certifié exact et conforme à mes écritures en ce qui concerne les paiements effectués.

Alger, le 27 août 1870.

Le Trésorier-Payeur,

CHEVALIER.

COMPTE ADMINISTRATIF

Des Recettes et des Dépenses de la Province d'Alger

EXERCICE 1870

DÉSIGNATION DES RECETTES.	ÉVALUATION DES RECETTES	DROITS constatés pendant l'exercice 1870	RECOUVREMENTS EFFECTUÉS
SECTION Ire			
FONDS LIBRES DES EXERCICES ANTÉRIEURS			
Report du restant libre sur les recettes de l'Exercice 1868	»	»	»
SECTION II			
RECETTES ORDINAIRES			
Loyers, fermages et rentes foncières provenant de biens ou de fondations compris dans le Domaine départemental ou constitués en propriété au département :			
§ 1er. — Loyers et fermages. — provenant des biens des corporations	16.000 »	19.808 47	19.319 98
provenant des biens d'autre origine	3.500 »	6.500 »	3 500 »
§ 2. — Rentes foncières. — provenant des biens des corporations	2.000 »	1.780 88	1.928 80
provenant des biens d'autre origine	4.565 »	4.500 »	6.500 »
Part revenant à la province sur le produit net de l'impôt arabe (6/10mes)	2.121.000 »	1.702.518 60	1.656.351 33
1/5 du produit de l'octroi municipal de mer, perçu dans les ports de la province	350.000 »	305.125 57	305.125 57
Remboursement par les particuliers des frais de traitement et d'entretien dans les hôpit. et hospices civils :			
§ 1er. — Remboursement du prix des journées dans les hôpitaux, par les communes, les corporations et par les malades aisés	150.000 »	374.461 57	73 016 06
§ 2. — Remboursement du prix des journées dans les hôpitaux par les services militaires	13.000 »	8.824 29	8.824 29
§ 3. — Remboursement du prix des médicaments et objets de pansement livrés par les hosp. civils	200 »	99 74	99 74
§ 4. — Remboursement du prix des pensions des vieillards et infirmes dans l'asile provincial de Douéra	14.400 »	10.708 42	10.395 01
§ 5. — Remboursement des frais de traitements des filles soumises	»	55.544 25	34.948 50
Part des communes dans les dépenses des enfants trouvés et des aliénés	32.000 »	89.599 94	16.299 75
Produit des amendes payées par les Arabes administrés par l'autorité civile	»	6 »	6 »
Prix des plaques, livrets et permis de départ délivrés aux membres des corporations de Berranis	»	»	»
Amendes payées par les membres desdites corporat.	»	»	»
Produit des expéditions des anciennes pièces ou des actes de l'administration déposés aux archives	80 »	51 75	51 75
Produit des diplômes des officiers de santé, sages-femmes, etc.	30 »	»	»
Taxes pour les visites des officines des pharmaciens, droguistes, herboristes	2.000 »	1.050 »	1.052 »
Produit des amendes prononcées pour contraventions en matière de roulage et autres	600 »	493 75	493 75
Produit des amendes de police correctionnelle	17 000 »	23.580 04	10.807 42
Amendes diverses (licences et autres)	100 »	25 »	25 »
TOTAL DE LA SECTION II. — *Recettes ordinaires*	2.726.475 »	2.393.692 97	2.148.645 04
A déduire pour le fonds commun :			
1° Sixième dixième intégral de l'impôt arabe abandonné aux budgets prov. par décret du 20 janv. 1868.	353 500 »	283.746 47	276.058 55
2° 15 p. 0/0 sur recettes ordinaires de 1870, déduction faite du sixième dixième de l'impôt arabe	355.916 25	346.779 26	280.887 07
3° 10 p. 100 sur les recettes antérieures à 1868	»	8 47	»
Total du fonds commun	709.446 25	630.534 20	556.946 52
RESTE NET	2.017.028 75	1.763.158 77	1.591.698 52

DÉSIGNATION DES RECETTES.	ÉVALUATION DES RECETTES.	DROITS constatés pendant l'exercice 1870	RECOUVREMENTS EFFECTUÉS.
SECTION III.			
RECETTES EXTRAORDINAIRES.			
Prix de vente d'immeubles et d'objets mobiliers :			
§ 1er. — Vente d'immeubles — provenant des corporations...	3.000 »	11.403 10	8.869 81
— provenant d'autre origine....	» »	841 07	841 07
§ 2. Vente d'objets mobiliers — provenant des corporations...	» »	791 54	791 54
— provenant d'autre origine....	500 »	1.054 20	1.054 20
Remboursements de capitaux exigibles où de rentes rachetées....	2.000 »	143 41	136 06
Subvention de l'État.....	» »	39.148 »	34.548 »
Recouvrements d'avances, remplacements de dépenses	1.000 »	3.509 57	203 80
Dons et legs....	» »	2.600 »	2.600 »
Subvention sur le fonds commun....	670.000 »	680.100 »	680.100 »
Part contributive de l'État et de la prov. d'Oran dans les frais d'exposition à Alger des produits de l'Algérie	1.500 »	1.500 »	1.500 »
Indemnité payée par le département de la Guerre à titre de compensation du logement en nature fourni aux officiers de gendarmerie....	1.560 »	1.554 66	1.554 66
Part des communes dans les dépenses du service médical	» »	5.714 58	5.714 58
TOTAL DE LA SECTION III....	679.560 »	748.410 43	737.913 52
SECTION IV.			
RECETTES SPÉCIALES.			
Contingents communaux et souscriptions particulières pour travaux de chemins de grande communication. — de moyenne communicat.	» »	13.039 21	9.039 21
Contingent pour l'entretien des canaux à la charge des usagers....	» »	5.787 66	5.787 66
Subvention de l'État pour construction de routes provinciales et de chemins de grande communication.	952.000 »	1.663.050 53	1.403.050 53
Secours aux populations éprouvées par le manque de récoltes....	» »	264 74	264 74
Indemnités aux propriétaires d'immeubles endommagés par le tremblement de terre....	» »	2.783 13	2.783 13
Produit du service des charrues à vapeur....	» »	20.918 »	16.311 37
Indemnités variables aux géomètres du cadastre	130.000 »	119.940 52	119.940 52
TOTAL DE LA SECTION VII....	1.082.000 »	1.825.783 79	1.557.177 16
RÉCAPITULATION			
SECTION Ire....	» »	» »	» »
— II....	2.024.028 75	1.965.138 77	1.591.698 52
— III....	679.560 »	748.410 43	737.913 52
— IV....	1.082.000 »	1.825.783 79	1.557.177 16
TOTAL GÉNÉRAL....	3.776.588 75	4.539.332 99	3.886.789 20
A déduire le déficit constaté au compte de 1868.	913.702 42	» »	913.702 42
RESTE....	2.862.886 33	4.539.332 99	2.973.086 78

DÉSIGNATION DES DÉPENSES.	CRÉDITS DÉFINITIFS.	DÉPENSES EFFECTUÉES
SECTION Ire.		
RESTES A PAYER DES EXERCICES ANTÉRIEURS.		
CHAPITRE Ier		
Dépenses comprises dans les comptes des exercices antérieurs :		
Territoire civil	1.009 86	1.009 86
Territoire militaire	242 »	242 »
CHAPITRE II.		
Dépenses non comprises dans les comptes des exercices antérieurs :		
Territoire civil..	374 50	374 50
Territoire militaire.	40 »	40 »
TOTAL DE LA SECTION Ire.........	1.665 86	1.665 86
SECTION II		
DÉPENSES ORDINAIRES OBLIGATOIRES.		
CHAPITRE Ier.		
Frais de perception des revenus provinciaux et remboursements :		
Art. 1er. — Abonnement avec le Trésor pour les frais de perception des revenus provinciaux recouvrés par les agents financiers	6.532 »	4.576 56
Art. 2. — Part des chefs indigènes chargés d'assurer la perception de l'impôt arabe..	» »	» »
Art. 3. — Part des chefs indigènes chargés d'assurer la rentrée des amendes infligées aux Arabes en territoire militaire	» »	» »
Art. 4. — Remboursements, restitutions et non-valeurs..	9.220 »	8.753 85
Total du chapitre Ier..........	15.752 »	13.330 41
CHAPITRE II.		
ADMINISTRATION.		
Art. 1er. — Loyers des hôtels de Préfecture, de Sous-Préfectures, des Commissariats civils et du bâtiment académique	19.649 90	19.649 95
Art. 2. — Ameublement et entretien de l'hôtel de la Préfecture, de l'hôtel de la Division, des hôtels des Sous-Préfectures, des Commissariats civils et du local affecté au service académique..	9.941 21	9.911 21
Art. 3. — Archives du département et du bureau administratif civil de la division..	2.607 55	2.607 55
Art. 4. — Cours d'assises et tribunaux. Traitement des concierges, etc. Loyers, mobiliers, menues dépenses, etc.	38 819 69	37 403 79
Art. 5. — Casernement de la gendarmerie..	65.080 »	64.983 73
Art. 6. — Prisons civiles. Locations d'immeubles	4 800 20	4.800 20
Art. 7. — Dépenses diverses. Frais de tenue du Conseil général, du Conseil d'hygiène publique. Exposition provinciale des produits de l'agriculture, etc. Frais de bureau de l'Inspecteur de l'Académie. Vaccination publique. Mesures contre les épidémies et les épizooties. Impressions à la charge de la province, etc.. etc	10.510 18	10.031 50
Total du chapitre II.........	151.608 72	149.418 93

DÉSIGNATION DES DÉPENSES.	CRÉDITS DÉFINITIFS.	DÉPENSES EFFECTUÉES.
CHAPITRE III.		
ASSISTANCE PUBLIQUE.		
Art. 1er. — Dépenses générales d'assistance et hospices....	597.891 80	781.108 31
Art. 2. — Orphelinats	115.544 13	110.909 63
Art. 3. — Enfants trouvés et abandonnés en nourrice.....	38.095 13	38.064 46
Art. 4. — Aliénés indigents	56.596 69	55.635 09
Art. 5. — Service médical de colonisation.	44.786 11	44.336 11
Art. 6. — Secours pour événements calamiteux et aux colons indigents n'ayant pas domicile de secours...........	4.100 »	3.520 »
Art. 7. — Secours de route et de rapatriement pour les voyageurs indigents........................	700 »	500 »
Total du chapitre III........	858.313 86	1.034.673 60
CHAPITRE IV.		
TRAVAUX.		
Art. 1er. — Entretien des bâtiments à la charge de la province	45.846 »	45.540 97
Art. 2. — Grosses réparations des bâtiments à la charge de la province.	15.098 »	14.634 85
Art. 3. — Entretien des routes à la charge de la province..	371.500 »	371.499 09
Art. 4. — Grosses réparations des routes à la charge de la province...........	»	»
Total du chapitre IV........	432.444 »	431.675 81
CHAPITRE V.		
PRIMES, SUBVENTIONS, ENCOURAGEMENTS.		
Art. 1er. — Part contributive de la province dans la subvention annuelle attribuée à l'École préparatoire de médecine et de pharmacie d'Alger........	4.000 »	4.000 »
Art. 2. — Primes pour la destruction des animaux nuisibles ou dangereux........................	1.238 »	1.238 »
Total du chapitre V........	5.238 »	5.238 »
CHAPITRE VI.		
SERVICES INDIGÈNES.		
Art. 1er. — Cheiks et gardes-champêtres montés des communes rurales (Subventions)...	26.062 »	26.776 64
Art. 2. — Écoles musulmanes françaises et assistance....	114.000 »	114.000 »
Art. 3. — Écoles musulmanes.	2.000 »	2.000 »
Art. 4. — Culte musulman	48.990 53	48.990 53
Art. 5. — Refuge........................	50 »	50 »
Art. 6. — Subsides, etc	18.575 47	18.005 38
Total du chapitre VI.......	210.578 »	200.832 55
RÉCAPITULATION DE LA SECTION II.		
Chapitre 1er. — Frais de perception des revenus provinciaux et remboursements........................	15.752 »	13.330 41
Chapitre 2. — Administration........................	151.408 72	149.418 93
Chapitre 3. — Assistance publique........................	858.313 86	1.034.673 60
Chapitre 4. — Travaux........................	432.444 »	431.675 81
Chapitre 5. — Primes, subventions, encouragements.....	5.238 »	5.238 »
Chapitre 6. — Services indigènes........................	210.578 »	200.822 55
TOTAL DE LA SECTION II.....	1.673.734 58	1.844.159 30

DÉSIGNATION DES DÉPENSES	CRÉDITS DÉFINITIFS.	DÉPENSES EFFECTUÉES.
SECTION III.		
DÉPENSES EXTRAORDINAIRES ET FACULTATIVES		
CHAPITRE Ier.		
Frais de perception des revenus prov. et remboursements..	» »	» »
CHAPITRE II.		
ADMINISTRATION.		
Art. 1er. — Subventions, subsides, indemnités..............	5.850 »	5.850 »
Art. 2. — Frais de publication des délibérations du Conseil général..	2.200 »	539 85
Art. 3. — Fêtes publiques et nationales..........................	1.700 »	33 »
Art. 4. — Assurances des bâtiments provinciaux contre les risques de l'incendie..............................	2.069 »	2.068 99
Art. 5. — Dépenses diverses....................................	1.800 »	1.531 50
Total du chapitre II..........	13.619 »	10.012 34
CHAPITRE III.		
ASSISTANCE PUBLIQUE		
Art. 1er. — Subventions aux institutions de bienfaisance dans le but d'arriver à l'extinction de la mendicité......	» »	» »
Art. 2. — Secours à d'anciens employés des serv. prov.....	» »	» »
Art. 3. — Entretien de jeunes aveugles ou de sourds-muets dans les établissements spéciaux.........	» »	» »
Art. 4. — Subventions de bienfaisance. (Subvention à l'établissement du Bon-Pasteur, Secours à l'orphelinat de Dalmatie. Secours aux sœurs gardes-malades, dites du Bon-Secours, à Alger..	12 700 »	9.886 50
Art. 5. — Acquisitions et dotations............................	» »	» »
Total du chapitre III........	12.700 »	9.886 50
CHAPITRE IV.		
TRAVAUX.		
Art. 1er. — Constructions des routes à la charge de la province et des ouvrages d'art qui en dépendent...........	» »	» »
Art 2. — Construction des bâtiments affectés aux préfectures, sous-préfectures et commissariats civils..........	» »	» »
Art. 3. — Construction de tribunaux	» »	» »
Art. 4. — Construction de casernes de gendarmerie.........	» »	» »
Art. 5. — Construction de prisons	» »	» »
Art. 6. — Construction de tous autres bâtiments à la charge de la province.......................................	7.000 »	6.999 93
Art. 7. — Part contributive dans les dépenses de travaux de dessèchement..	» »	» »
Art. 8. — Part contributive dans les travaux d'endiguement et d'irrigation..	» »	» »
Art. 9. — Subventions aux communes pour construction de chemins vicinaux de grande communication	74.700 »	74.674 18
Art. 10.— Subventions aux communes pour construction ou grosses réparations d'églises, presbytères, etc.	» »	» »
Art. 11.— Concours aux dépenses des opérations topographiques et des mesures de cantonnement, dans l'intérêt de la colonisation	» »	» »
Art. 12.— Primes, subventions et garanties d'intérêt accordées à des compagnies, associations ou particuliers, pour l'exécution de grands trav. d'utilité génér. et prov.	» »	» »
Art. 13.— Indemnités aux agents du service des bâtim. civ.	» »	» »
Total du chapitre IV	81.700 »	81.674 13

DÉSIGNATION DES DÉPENSES.	CRÉDITS DÉFINITIFS.		DÉPENSE EFFECTUÉES.	
CHAPITRE V.				
PRIMES. — SUBVENTIONS. — ENCOURAGEMENTS.				
Art. 1er. — Primes à distribuer lors des expositions, achats de médailles....	»	»	»	»
Art. 2. — Subventions pour les courses de chevaux........	3 000	»	»	»
Art. 3. — Subventions aux communes pour établissement de pompes à incendie....	»	»	»	»
Art. 4. — Subventions aux théâtres autres que celui d'Alger	»	»	»	»
Art. 5. — Restauration des monuments historiques et recherches archéologiques......	980	»	335	»
Art. 6. — Entretien de bourses ou fractions de bourses.....	11.820	»	11.820	»
Art. 7. — Entretien d'élèves sages-femmes à la maternité de Paris.....	»	»	»	»
Art. 8. — Gratifications pour belles actions et actes de dévoûment	»	»	»	»
Art. 9. — Encouragements divers à l'agriculture, etc.	13.630	»	12.329	24
Art. 10. — Indemnités aux employés de la Préfecture pour travaux extraordinaires du Conseil général...	1,000	»	»	»
Art. 11. — Subvention aux communes pour insuffisance de revenus....	7,000	»	7.000	»
Total du chapitre V.....	39.430	»	31.484	24
CHAPITRE VI.				
SERVICES INDIGÈNES.				
Article unique. — Subventions aux diverses institutions de bienfaisance musulmane....	»	»	»	»
CHAPITRE VII.				
Réserve pour dépenses diverses et imprévues.........	13.099	47	9.962	79
RÉCAPITULATION DE LA SECTION III.				
Chapitre 1er. — Frais de perception des revenus provinciaux et remboursements....	»	»	»	»
Chapitre 2. — Administration......	13.619	»	10.012	34
Chapitre 3. — Assistance publique.....	19.700	»	9 886	50
Chapitre 4. — Travaux......	81.700	»	81.674	13
Chapitre 5. — Primes, subventions, encouragements	39.430	»	31.484	24
Chapitre 6. — Services indigènes.....	»	»	»	»
Chapitre 7. — Dépenses diverses et imprévues.....	13.099	47	9.962	79
TOTAL DE LA SECTION III	160.848	47	143 020	»
SECTION IV.				
DÉPENSES SPÉCIALES.				
Contingents communaux et souscriptions particulières pour travaux de chemins de grande communication : (Entretien du chemin n° 3, d'Alger à Tipaza, sur les fonds versés par la commune d'Alger)...	9.039	31	4.000	»
Contingents communaux pour travaux et surveillance des canaux d'irrigation à la charge des usagers	5.787	60	»	»
Indemnités aux propriétaires d'immeubles endommagés par le tremblement de terre.....	2.783	13	800	»
Frais de mission aux membres chargés d'élaborer le Sénatus-consulte organique de l'Algérie.....	9 0	»	873	»
A reporter....	18.310	»	5.675	»

DÉSIGNATION DES DÉPENSES		CRÉDITS DÉFINITIFS	DÉPENSES EFFECTUÉES
Report............................		16.510 »	5.675 »
Indemnités variables aux agents du cadastre (arrêté du Gouverneur général du 8 mai 1868)...................		120.007 »	119.940 59
Subventions extraordinaires de l'État pour routes provinciales..........	Territoire civil........	855.649 27	295.888 31
	Territoire militaire	698.895 77	630.995 77
Subventions extraordinaires de l'État pour chemins de grande communication et chemins divers..........	Territoire civil......	43.461 28	22.064 80
	Territoire militaire.	68.500 »	68.500 »
Subvention de l'État pour secours aux populations éprouvées par le manque de récoltes.........................		264 75	» »
TOTAL DE LA SECTION IV......		1.815.288 04	1.143.104 46

RÉCAPITULATION GÉNÉRALE

	CRÉDITS DÉFINITIFS	DÉPENSES EFFECTUÉES
SECTION Ire. — Restes à payer des exercices antérieurs....	1.605 86	1.605 86
SECTION II. — Dépenses ordinaires et obligatoires.......	1.673.734 58	1.844.159 30
SECTION III. — Dépenses extraordinaires et facultatives....	160.548 47	143.020 »
SECTION IV. — Dépenses spéciales	1.815.288 04	1.143.104 46
TOTAUX GÉNÉRAUX...............	3.651.176 95	3.131.949 62

BALANCE GÉNÉRALE

Le total des Recettes effectuées, ainsi qu'il ressort de la 1re partie du présent Compte, s'élève à...			3.886.789 20
Duquel il y a lieu de déduire le montant de la reprise faite par le Trésor pour le découvert constaté au compte de l'exercice 1868...			913.703 42
Reste...			2.973.086 78
De cette somme il y a lieu de déduire, pour être reporté à l'exercice 1871, comme ne contribuant pas à la somme des ressources du Budget provincial, l'excédant des recettes sur les dépenses :			
1° Des contingents communaux pour travaux des chemins de grande et moyenne communication...		5.039 21	
2° Des contingents pour travaux et surveillance des canaux d'irrigation...		5.787 06	
3° Des subventions allouées sur le fonds commun avec affectation spéciale...		1.340 »	
4° De la subvention de l'État sur les fonds de la Société générale algérienne...		397.401 59	432.041 20
5° Du produit des charrues à vapeur...		16.311 37	
6° Indemnités pour dommages faits par le tremblement de terre...		1.083 13	
7° Indemnités pour manque de récoltes...		204 74	
8° Orphelins indigènes...		1.233 50	
9° Legs Audric et Metz...		2.000 »	
Reste en recettes...			2.541.045 58
Le montant des Dépenses comprises dans la Récapitulation, d'autre part, de la 2e partie du compte (Total des dépenses) est de...		3.131.949 62	
A ajouter pour reprises, par suite de reversements...		»	
TOTAL DES DÉPENSES...		3.131.949 62	
Sur ce total il reste :			
1° A payer pour mandats non présentés au payeur...	1.110 54	195.858 15	
2° A mandater ultérieurement pour dépenses non mandatées au 1er juin 1871...	194.747 61		
Reste en dépenses acquittées...		2.936.091 47	2.936.091 47
Partant, la balance du compte présente un excédant de...			395.045 89
Auquel il faut ajouter :			
1° Les sommes à transporter au budget de l'exercice 1871, pour dépenses à continuer...	» »	195.858 15	
2° Les restes à payer à inscrire au budget de l'exercice 1872 suivant d'autre part...	195.858 15		
A déduire :			195.755 95
1° Les créances qui paraissent ne plus devoir être réclamées et les excédants de constatation...	102 20	102 20	
2° Les créances constatées à reporter au budget de l'exercice 1871 par suite d'insuffisance de crédits votés...	»		
Par suite, l'excédant réel des dépenses se traduit par le chiffre de...			590.801 84

Le présent compte est certifié véritable dans toutes ses parties par nous Préfet du département d'Alger.

Alger, le 19 octobre 1871.

Le Préfet,

L. HÉLOT.

Vu et certifié conforme aux écritures :

Alger, le 26 octobre 1871.

Le Trésorier-Payeur,

CHEVALLIER.

PROJET DE BUDGET

PREMIÈRE PARTIE

RECETTES

SECTION 1re.

FONDS LIBRES DES EXERCICES ANTÉRIEURS.

Report de l'excédant des recettes de l'exercice 1870 »

Le compte administratif de l'exercice 1870 s'étant soldé en déficit, ainsi que je l'ai indiqué au Conseil général, dans l'Exposé qui précède, cet article de recette devient négatif par le fait.

SECTION II

RECETTES ORDINAIRES

Art. 1er. — LOYERS, FERMAGES ET RENTES FONCIÈRES PROVENANT DE BIENS OU DE FONDATIONS RELIGIEUSES COMPRIS DANS LE DOMAINE DÉPARTEMENTAL.

§ 1er. — *Loyers et fermages.*

1° Provenant des corporations............. 19,000 »

Les ressources de l'espèce proviennent de la location ou de l'aliénation à rente des biens des anciennes corporations religieuses, et qui étaient attribuées à l'ancien budget local et municipal par l'ordonnance du 2 janvier 1846.

Le produit de ces immeubles ne peut aller qu'en diminuant, par suite des ventes consenties. En 1871, ces prévisions ont été calculées à la somme de 19,000 fr. Le service des Domaines propose le même chiffre pour 1872, en faisant remarquer qu'il espère équilibrer la diminution à prévoir par une augmentation égale dans la valeur locative et vénale.

Je propose donc au Conseil d'admettre ce chiffre de fr. 19,000 comme prévision pour 1872.

2e Provenant d'autre origine............ 3.000 »

Cet article comprend le produit de la location prise par l'Etat du département, de deux maisons annexes de la Préfecture, sises rue de la Charte, et contiguës à l'hôtel, lesquelles servaient, l'une au logement du Secrétaire général de la Préfecture, l'autre à l'ancien bureau arabe départemental. Ces immeubles sont aujourd'hui occupés par les bureaux de la Direction générale des affaires civiles et financières, moyennant un bail, en date du 3 octobre 1865, approuvé par le Gouverneur général le 9 novembre suivant, pour 3, 6, 9 années, à compter du 12 janvier 1866.

§ 2. — *Rentes foncières.*

1e Provenant des corporations........... 1.500 »

Les rentes foncières se composent :

1e Des rentes représentant le prix de vente des immeubles aliénés par le Domaine ;

2e Des anas ou rentes constitués au profit des anciennes corporations religieuses.

Aujourd'hui les concessions ne sont plus autorisées et aucune nouvelle rente n'est constituée ; le montant des rentes de l'espèce doit nécessairement diminuer par suite du remboursement du capital d'une partie d'entre elles.

Le service des Domaines estime à fr. 1,500 la somme à prévoir ; c'est ce chiffre que je propose au Conseil d'inscrire pour 1872.

2° Provenant d'autre origine .... 4,500 »

Cette ressource est créée par une rente annuelle que sert le Mont-de-Piété d'Alger, en compensation d'une somme de fr. 150,000 qui lui a été attribuée en vertu d'un décret en date du 28 avril 1860, par prélèvement sur les fonds de l'ancien budget local et municipal.

Art. 2. — PART REVENANT AU DÉPARTEMENT SUR LE PRODUIT DE L'IMPÔT ARABE .... 1.472.700 »

L'impôt arabe se compose :

1° De l'*Achour* — impôt sur les grains ;

2° Du *Zekkat* — impôt sur les bestiaux ;

3° De la *Lezma* — impôt de capitation.

L'ordonnance du 17 janvier 1845, sur l'organisation financière de l'Algérie, a attribué aux budgets locaux et municipaux, remplacés aujourd'hui par les budgets départementaux, 1/10 sur le produit de ces impôts.

Plusieurs décrets successifs, en date des 25 août 1852, 1er décembre 1858, 24 septembre 1861 ont porté cette part à 3/10. Enfin, par deux autres décrets en date des 20 janvier 1868 et 26 octobre 1869, un 6e dixième a été concédé provisoirement pour quatre années, à compter du 1er janvier 1868, dans le but de subvenir, en partie, aux dépenses nécessitées par l'établissement de l'impôt foncier. Cette concession devant cesser à partir du 1er janvier 1872, le chiffre des recettes à prévoir pour l'exercice 1872 doit être ramené aux 5/10 de la totalité de l'impôt.

Pour arriver à une évaluation aussi exacte que possible de la part à inscrire au budget du département, il convient de chercher la moyenne en remontant de dix années en arrière, sans quoi la base ne porterait guère que sur une période de campagnes calamiteuses qui devaient naturellement influer sur le produit de l'impôt.

On n'a pas oublié, en effet, combien de 1865 à 1868 inclusivement, les populations arabes ont eu à souffrir, soit par suite de la perturbation apportée par l'insurrection de 1864, soit par suite de la sécheresse, des sauterelles, de la famine et du typhus. En calculant nos prévisions sur les dix années qui se sont écoulées, de 1861 à 1870, nous obtiendrons une base plus normale.

L'impôt arabe a fourni, savoir :

En 1861......	4.082.601 29	soit une moyenne de 2,945,400 fr. dont les 5/10es sont de 1,472,700 fr.
1862......	3.073.622 43	
1863......	4.128.256 11	
1864......	3.083.277 40	
1865......	3.005.407 10	
1866......	2.401.218 »	
1867......	2.440.830 05	
1868......	2.158.874 42	
1869......	2.310.723 33	
1870......	2.700.573 84	

Le Conseil jugera si cette appréciation est exacte, et s'il y a lieu d'adopter comme prévision, pour 1872, le chiffre de fr. 1,472,700 ».

Art. 3. — CENTIMES ADDITIONNELS ATTRIBUÉS AU DÉPARTEMENT SUR LES IMPÔTS DIRECTS ÉTABLIS AU PROFIT DE L'ÉTAT.. » »

C'est à ce titre que devra figurer le produit des centimes additionnels au principal de l'impôt foncier, si le Conseil général adopte la résolution de demander, dès l'année 1872, la création de nouvelles ressources de l'espèce.

Je n'ai pas à indiquer les bases sur lesquelles vos votes devront s'appuyer ; je me réfère, à cet égard, au rapport spécial qui sera placé sous vos yeux, me bornant à indiquer ici que l'imposition des centimes additionnels se présente aujourd'hui comme une mesure indispensable, et en dehors de laquelle il n'est pas possible d'espérer que le budget puisse sortir de la situation si critique dans laquelle il se trouve.

Il est superflu de rappeler que la détermination que vous prendrez à cet égard ne pourra toutefois recevoir son effet que par l'intervention d'un décret, sinon même d'une loi.

Art. 4. — ATTRIBUTION AU BUDGET DÉPARTEMENTAL DU 1/5e DU PRODUIT DE L'OCTROI DE MER .... 318.600 »

Un cinquième du produit net de l'octroi de mer est attribué aux budgets départementaux par le décret du 27 octobre 1858, tant que ces budgets resteront spécialement chargés des dépenses relatives aux hôpitaux et aux hospices civils. L'évaluation de la recette à réaliser par le département pendant l'exercice 1872, me paraît pouvoir être portée au chiffre de.................................. 318.600 »

Le produit de l'octroi municipal de mer suit depuis longtemps une progression continue. En effet :

En 1867,	il a été perçu brut.............	1.602.321 06
En 1868,	—	1.710.106 03
En 1869,	—	1.737.837 81

Il est vrai que cette recette a subi en 1870 un fléchissement d'environ 28,000 fr., mais il est à peine besoin d'indiquer que ce n'est que la conséquence des évènements de la guerre ; on est donc autorisé à ne pas tenir compte de cette dépression d'ailleurs légère.

Aujourd'hui que les troupes sont rentrées, aujourd'hui surtout que se préparent des dispositions dont l'effet sera de donner à la colonisation une impulsion vigoureuse, tout doit faire admettre que le mouvement progressif, un moment interrompu, va reprendre sa marche normale. Je trouve au surplus la confirmation de cette hypothèse dans les chiffres que l'année courante fournit depuis le mois de juin, époque à laquelle les conséquences immédiates de la guerre ont cessé de se manifester. La démonstration ressort du rapprochement des résultats obtenus pendant les périodes similaires.

Ainsi la perception a fourni, de juin à septembre inclus, en 1867, 545,400 fr. (chiffres ronds) ; les mêmes mois ont donné 555,600 fr. en 1868 ; 586,600 fr. en 1869 et 675,600 fr. en 1871.

Je crois conséquemment rester dans les limites d'une appréciation modérée et justifiée tout à la fois, en calculant que la progression élèvera en 1872 les recettes brutes au chiffre de.............................. 1.770.000 »

Si de cette somme on déduit 8 0/0 pour frais de perception, ci................ 141.600 »
et les escomptes payés par la douane évalués à 2 0/0, ci 35 400 » } 177.000 »

Il reste net.............................. 1.593.000 »

dont le cinquième est de.......................... 318.600 »

Je propose au Conseil d'inscrire cette somme en prévision pour 1872.

L'occasion se présente naturellement ici de vous éclairer sur la situation que le décret organique du 27 octobre 1858 a fait aux départements algériens, en mettant à leur charge, moyennant l'abandon du 1/5 du produit net de l'octroi de mer, les frais de traitement des malades civils indigents dans les hôpitaux civils et militaires.

Elle ressort on ne peut plus nettement des chiffres suivants :

Les dépenses que la province d'Alger a dû supporter depuis l'année 1859 jusqu'au 31 décembre 1870, pour frais de traitement des malades civils indigents dans les hôpitaux et hospices, s'élèvent à la somme de........ 8.473.909 81

Elle a reçu pendant la même période comme produit du cinquième de l'octroi de mer 3.366.440 80

Elle a en outre recouvré soit des corporations et des particuliers, soit du budget de la guerre pour les militaires traités dans nos hôpitaux, soit enfin des communes qui ont été appelées à participer aux dépenses de l'espèce depuis 1860.. 768.797 53

Ensemble.................... 4.135.238 33

Soit une différence de........... 4.338.701 48

Il reste encore, il est vrai, à recouvrer, à ce jour, d'après les constatations établies, une somme de 310,754 07 due par les communes sur leur part contributive ; mais même en supposant que ce reliquat rentre dans sa caisse, le département n'en restera pas moins avoir subi une perte de plus de quatre millions en douze exercices par suite de l'obligation mise à sa charge par le décret précité.

En ce qui concerne le budget de 1872 qui vous est soumis, les prévisions de dépenses s'élèvent (voir 2e partie, 2e section, chapitre 3), à............ 757.060 »

A déduire : 1° Les remboursements qui font l'objet des recettes prévues aux divers §§ de l'art. 5 ci-après.......	191.268 »	509.868 »
2° Evaluation des recettes à percevoir par le département sur le produit de l'octroi de mer.............	318.600 »	

Ce qui fait ressortir à la charge du département une somme de............ 247.192 »

Sans compter l'entretien des bâtiments qui occasionne une dépense annuelle d'au moins 15,000 fr.

Il me suffira d'avoir indiqué une pareille situation pour être certain que le projet que j'ai l'honneur de vous soumettre par dossier spécial relativement à cette importante question de l'hospitalisation, attirera votre plus sérieuse attention.

J'ai dû comprendre à ce titre la recette habituelle parce qu'il peut se faire que le régime ne soit pas changé dans le cours de l'année prochaine ; mais s'il devait en être autrement, c'est-à-dire si le budget départemental devait cesser d'être chargé des dépenses d'hospitalisation il cesserait également, bien entendu, de profiter du 1/5 de l'octroi de mer, et le chiffre que je propose à vos prévisions devrait être modifié sinon disparaître.

Art. 5. — REMBOURSEMENT DES FRAIS D'ENTRETIEN ET DE TRAITEMENT DANS LES HÔPITAUX ET HOSPICES

§ 1. *Remboursement du prix des journées dans les hôpitaux par les communes*............... ... 100.098 »

D'après les dispositions de l'art. 43 § 14 du décret du 27 octobre 1858, complété par un décret du 26 août 1865, le Conseil général fixe la part *contributive* à mettre à la charge des communes sur les dépenses occasionnées par le traitement et l'entretien des malades, des incurables et des vieillards indigents dans les hospices, hôpitaux ou asiles.

En suite de ces dispositions et par sa délibération du 23 septembre 1865, le Conseil général avait adopté les propositions du Préfet qui consistaient :

1° A mettre à la charge des communes le *cinquième* des dépenses réelles et effectuées ;

2° A adopter comme mode de remboursement, que ce cinquième serait réparti entre les communes au prorata du nombre des journées de leurs malades.

C'est sur ces bases qu'ont été établis, pendant plusieurs années, les décomptes des sommes réclamées aux communes.

Notons en passant que ce n'est pas sans de grandes difficultés que le département a pu réaliser une partie seulement de ces recouvrements.

Il n'est pas sans intérêt de signaler à cet égard un décret rendu au contentieux, sur le pourvoi introduit au Conseil d'État par la commune d'Alger contre un arrêté du Gouverneur général du 31 octobre 1866 et un décret du 28 novembre suivant qui avaient inscrit d'office à son budget, pour 1866 et 1867, les crédits destinés à assurer le paiement de sa part contributive dans les dépenses relatives :

1° A l'entretien des enfants trouvés et abandonnés, des orphelins pauvres et des aliénés indigents ;

2° Au traitement et à l'entretien des malades, des incurables et des vieillards indigents.

Voici le texte de ce décret qui porte la date du 21 février 1868 :

« Sur le moyen tiré de ce que l'inscription d'office au » budget de la ville d'Alger d'une dépense considérée comme obligatoire n'aurait pu être faite, que par un décret » rendu sur l'avis du Conseil d'Etat, conformément à l'art. » 50 de la loi du 5 mai 1855 ;

» Considérant que les prescriptions de l'art. 50 de la loi » du 5 mai 1855, qui a été rendu exécutoire en Algérie par » notre décret du 17 juin 1860, ne sont relatives qu'aux » dépenses exigées par les services de police municipale qui » avaient été placés par cet article dans les attributions des » Préfets ;

» Que, dès lors, la ville d'Alger n'est pas fondée à soutenir qu'aucune inscription d'office au budget d'une commune, d'une dépense obligatoire, ne peut avoir lieu que » par un décret rendu sur l'avis du Conseil d'Etat.

» Au fond :

» Considérant qu'aux termes de l'article 33 § 14 du décret du 27 octobre 1858 et du décret du 26 août 1865, » le Conseil général de chaque province en Algérie délibère » sur la fixation de la part de la dépense des enfants trouvés » ou abandonnés, des orphelins pauvres, des aliénés indigents, des malades, des incurables, des vieillards indigents » dans les hospices, hôpitaux et asiles, à mettre à la charge » des communes et sur la base de la répartition à faire entre » elles ; qu'il suit de là que le contingent assigné à chaque » commune, conformément à ces prescriptions, constitue

» une dépense obligatoire pour le budget municipal.

» Considérant que, dans sa séance du 23 septembre 1865, » le Conseil général de la province d'Alger a décidé que » les communes contribueraient aux dépenses réelles et ef- » fectives dans les hôpitaux et hospices civils dans la pro- » portion du cinquième et au prorata du nombre des jour- » nées de leurs malades; qu'elles contribueraient également » dans les dépenses réellement effectuées des enfants trouvés » ou abandonnés et des aliénés indigents pour un cinquiè- » me, dont il a établi la répartition entre les différentes » communes de la province, en fixant au 20/60 la part » afférente à la ville d'Alger;

» Considérant que par délibérations en date des 5 octobre » et 17 novembre 1866, le Conseil municipal de la ville » d'Alger a refusé d'inscrire au budget les crédits néces- » saires pour subvenir aux dépenses mises à sa charge, en » vertu de la décision ci-dessus énoncée.

» Que dès lors, l'arrêté du Gouverneur général de l'Algérie » en date du 31 octobre 1866, qui a inscrit d'office lesdits » crédits au budget supplémentaire de l'exercice 1866, et » notre décret, en date du 28 novembre 1866, qui a égale- » ment inscrit d'office lesdits crédits au budget ordinaire de » l'exercice 1867, ne sont entachés d'aucun excès de pou- » voirs. »

Cependant dans sa session de 1869, le dernier Conseil gé-néral, revenant sur les bases précédemment adoptées, a dé-cidé que :

« Chaque commune supportera les frais d'hospitalisation » de ses malades dans la proportion de 1/8 de la dépense » effective de ses malades;

» Que chaque commune sera appelée à se prononcer sur

» l'identité des malades dont l'admission à l'hôpital aura été » consentie par une commune voisine;

» Que les communes n'auront pas à supporter la dépense » des malades qui n'ont pas chez elles leur domicile com- » munal. »

J'ai dû tenir compte de ces nouvelles dispositions pour établir l'évaluation de la recette à inscrire au présent article.

Le montant des dépenses prévues au chapitre III de la 2e section, *(assistance publique)* s'élève à..... 757.060 »

J'en déduit tout d'abord le montant de celles que l'on peut ranger au nombre des dépenses générales, savoir :

1° Inspection des établissements de bienfaisance...................	3.600 »	
2° Traitement des prêtres Lazaristes chargés de la direction des sœurs de St-Vincent-de-Paul attachées aux différents établissements de bienfaisance.	5.400 »	
3° Cours d'accouchement à l'hôpital d'Alger et à l'hôpital de Douéra......................	1.800 »	
4° Transport des malades et frais divers................	1.000 »	
Ensemble.	11.800 »	11.800 »
Reste comme dépenses d'intérieur......		745.260 »

Il y a ensuite lieu de défalquer les remboursements directs qui font l'objet des paragraphes de recettes 2, 3, 4, 5 et 6 qui suivent ce-

A reporter......... 745.260 »

Report .... 745.260 »

lui dont nous nous occupons ici, lesquels remboursements s'élèvent ensemble à la somme de 90.270 »

Ce qui réduit le chiffre sur lequel devraient porter les remboursements auxquels le budget départemental a droit de la part des communes à .... 654.990 »

Mais pour tenir complètement compte de la délibération précitée du 12 octobre 1869, il faut encore distraire le montant présumé des dépenses occasionnées par le traitement des individus réputés sans domicile. La somme est difficile à déterminer, c'est toutefois apprécier largement que de l'évaluer à............... 150.000 »

Nous arrivons de la sorte au total de.... 504.990 »

représentant les dépenses prévues pour 1872, auxquelles les communes de tout le territoire doivent contribuer dans la proportion du cinquième ainsi que l'établit la délibération sus relatée.

C'est le cinquième de cette somme, soit 100,998 fr., que vous admettrez comme recette à prévoir au présent titre si, d'autre part, vous votez les prévisions de dépenses que j'ai l'honneur de vous proposer au chapitre III (*Dépenses générales d'assistance publique*).

Il est à peine besoin d'ajouter qu'il sera tenu compte de la décision prise par l'ancien Conseil général quant au mode qui doit présider à la répartition de cette somme entre les communes qui ont à en supporter la charge.

§ 2. — *Remboursement du prix de journées dans les hôpitaux par les particuliers et les corporations* 33.000 »

Ce produit, essentiellement éventuel, ne repose sur aucune base appréciable; si cependant on cherche cette base dans les produits réalisés pendant les exercices antérieurs, on est fondé à prévoir une somme de 33.000 fr.; c'est, en effet, la moyenne qui ressort approximativement des données ci-après :

Il a été perçu à ce titre :

En 1866.............	39.265 59
En 1867.............	30.413 93
En 1868.............	26.124 60
En 1869.............	38.694 27
En 1870.............	29.149 45
Total.........	163.647 84

Soit une moyenne de fr. 32,729 57.

Je propose donc d'adopter la somme de 33,000 francs comme prévision pour l'exercice 1872.

§ 3.— *Remboursement du prix des journées dans les hôpitaux pour les services militaires*........ 9.540 »

D'après les documents périodiques, les recouvrements opérés à ce titre, se sont élevés :

En 1867, à............	8.727 94
En 1868, à............	6.232 74
En 1869, à............	14.376 40
En 1870, à............	8.824 29

soit en moyenne, une somme de 9.540 francs.

L'éventualité de ce produit, basée sur la présence des troupes dans le Sahel, ne me permet pas de proposer au Conseil un chiffre autre que celui de cette moyenne.

§ 4. — *Remboursement du prix de médicaments et objets de pansements livrés par les hôpitaux civils...* 200 fr.

En raison du peu d'importance de ce produit et de son éventualité, je propose au Conseil d'inscrire en prévision, le chiffre adopté les années précédentes, soit la somme de 200 francs.

§ 5. — *Remboursement du prix des pensions dans l'asile départemental de Douéra, des vieillards et infirmes.........................* 16.530 fr.

L'asile provincial des Vieillards et Infirmes indigents annexé à l'hôpital de Douéra, a été constitué par une décision de M. le Ministre de la guerre en date du 30 septembre 1857, puis réglementé par arrêté du Gouverneur général du 9 juin 1858.

Aux termes de cet arrêté, le nombre des admissions a été fixé à 60 pour la province d'Alger et à 10 pour chacune des provinces d'Oran et de Constantine, en tout 70 lits. — Les frais d'entretien des vieillards et infirmes appartenant à ces deux dernières provinces sont remboursés, par chacune d'elles, d'après le tarif fixé par l'arrêté du 9 juin, soit 30 fr. par mois et par lit.

Les admissions en ce qui concerne les provinces latérales, étant, en général, égales au nombre de lits autorisés, il y a lieu de prévoir, comme les années précédentes, pour 40 lits, à raison de 360 fr. par an, la somme de...... 14.400 »

A reporter........ 14.400 »

Report.............. 14.400 »

D'un autre côté, l'administration a autorisé, en principe, l'admission de particuliers au titre payant. Ces admissions représentent aujourd'hui une somme de.................... 2.130 »

C'est donc un total de.................... 16.530 »
à comprendre dans les prévisions de 1872.

§ 6. — *Remboursement par les communes des frais de traitement des filles soumises*............ 31.000 fr.

Par suite de la suppression du dispensaire d'Alger, l'hôpital civil reçoit en traitement toutes les filles soumises qui appartiennent à la commune, à charge par cette dernière de désintéresser le département des frais qu'entraîne leur admission à l'hôpital.

Les sommes remboursées en 1869 et 1870, donnent une moyenne de.......................... 25.000 »

D'un autre côté, certaines communes qui ne possèdent pas de dispensaire ont été autorisées à faire traiter leurs filles soumises dans les hôpitaux militaires locaux. Les frais qui en résultent sont compris dans les sommes que le département doit rembourser au budget de la guerre pour traitement des malades civils dans les hôpitaux militaires, et par suite le département doit à son tour les réclamer aux communes intéressées.

Pour évaluer la recette à prévoir à ce titre,

A reporter....... 25.000 »

Report .... 25.000 »

on ne peut que se baser sur les résultats des exercices antérieurs :

Or, en 1868, elles se sont élevées à..............	5.132 fr.	25
En 1869, à	6.303	»
En 1870, à.........	6.587	50
Ensemble..	18.022	75

La moyenne que donnent ces chiffres est de .... 6.000 »

C'est par suite une somme de.......... 31.000 »
que je propose au Conseil d'admettre comme évaluation de la recette à prévoir de ce chef.

A l'égard du dispensaire d'Alger, il se présente une question dont la solution intéresse le département. Je veux parler du prix de journée remboursé par la commune.

Depuis l'installation de ce dispensaire à l'hôpital civil jusqu'à ce jour, les journées de traitement des filles soumises n'ont été décomptées qu'à raison de 1 fr. 50 l'une, prix limite fixé annuellement par arrêté du Gouverneur général, pour servir de base au remboursement à réclamer des *malades payants* ; mais ce prix est inférieur à celui de la dépense réelle qu'occasionnent au département les malades ordinaires.

En effet, pour ne parler que de l'année courante, les relevés établis pour les 9 premiers mois de 1871 font ressortir à 1 fr. 89 la journée d'un malade ordinaire.

N'y a-t-il pas lieu de réclamer à la commune d'Alger la différence entre le prix de 1 fr. 50 et celui de la dépense réelle ?

Pour moi la réponse ne saurait être qu'affirmative, car il est incontestable que les obligations découlant, pour le département, du décret du 27 octobre 1858, ne s'étendent pas aux dépenses afférentes aux frais de traitement des filles soumises; ces frais sont exclusivement à la charge des communes.

Mais pour que vous soyez à même de statuer en pleine connaissance de cause, il convient de rappeler dans quelles circonstances le dispensaire d'Alger a été transféré à Mustapha.

Depuis longtemps les constructions affectées à l'hôpital étaient reconnues insuffisantes, lorsque parut le typhus qui, en augmentant notablement le nombre des malades, vint empirer une situation déjà si défectueuse. L'autorité militaire se décida alors à remettre à l'administration civile la partie encore disponible des baraques dépendant de l'ancien camp des chasseurs et qu'elle s'était réservée pour ses propres besoins.

Cette augmentation de locaux permit à l'établissement de développer ses services, et même de mettre un quartier à la disposition de la municipalité pour le traitement des filles soumises. C'était une amélioration importante pour la commune d'Alger dont le dispensaire était dans de pitoyables conditions d'installation.

Le transfèrement eut lieu, je dois l'ajouter, sans stipulations expresses ; mais il est bien évident qu'en concédant gracieusement l'avantage dont il s'agit, le département n'entendait pas que cet avantage lui devînt onéreux.

Il prêtait des locaux, le bénéfice du fonctionnement d'un établissement organisé, mais avec ce sous-entendu qu'il n'en résulterait pour lui aucun surcroît de dépense.

Je pense que, comme représentants des intérêts du département, vous ne confirmerez le maintien des filles soumises de la ville d'Alger dans l'hôpital de Mustapha qu'à la condition que la commune souscrira l'obligation de rembourser intégralement les frais occasionnés par cette catégorie de malades que, sans l'hospitalité de circonstance, donnée par notre établissement, elle aurait dû continuer à faire traiter dans son dispensaire.

Si votre décision est conforme à ma manière de voir, il vous resterait deux points à examiner.

Il n'a pas été tenu jusqu'ici de comptabilité spéciale pour les malades dites de dispensaire; à défaut, on peut, ce me semble, se borner à réclamer pour le passé la différence entre le prix limite de 1 fr. 50 dont je parlais plus haut, et le prix réel de revient d'une journée de malade ordinaire. Cette base servirait pour les excédants à recevoir jusqu'au 31 décembre de l'année courante.

Mais on sait que les maladies syphilitiques exigent l'emploi de médicaments particulièrement coûteux et occasionnent par conséquent une moyenne de prix de journée supérieur à celui des maladies ordinaires. La commune d'Alger ne l'ignore pas, car lorsqu'elle administrait elle-même son dispensaire, le prix moyen s'élevait à 2 fr. 20; il a même atteint le chiffre de 2 fr 69. Je puis donc supposer que vous voudrez bien faire valoir jusqu'au bout les droits du département en exigeant, pour l'avenir, le remboursement intégral de la dépense incombant au dispensaire.

Il suffira, si tel est votre avis, d'ouvrir à cet effet, à partir du 1er janvier prochain une comptabilité spéciale, comprenant non-seulement tout ce qui intéresse la nourriture et le traitement pharmaceutique, mais encore les émoluments du personnel dont s'augmentent les cadres de l'hôpital, pour le service du quartier des filles soumises.

En résumé, j'ai l'honneur de vous prier de vous prononcer sur les questions suivantes :

1° La commune d'Alger doit-elle, à partir du 1er janvier 1872, rembourser intégralement les dépenses occasionnées par le traitement de ses filles soumises qui forment un quartier spécial dans les bâtiments de l'hôpital de Mustapha?

2° Pour le passé, devra-t-elle tenir compte de l'excédant de la moyenne du prix de journée d'un malade ordinaire sur le prix limite de 1 fr. 50, fixé pour les malades payants?

Il est superflu d'ajouter que les nouvelles dispositions ne s'appliqueraient qu'après avoir été notifiées à la commune intéressée, afin que si elle refusait ces conditions, elle pût réorganiser au plus tôt son dispensaire comme il l'était avant son installation dans l'hôpital du département.

Art. 6. — REMBOURSEMENT PAR LES COMMUNES DE LEUR QUOTE-PART DANS LES DÉPENSES D'ENTRETIEN DES ENFANTS TROUVÉS ET DES ALIÉNÉS................ 32.400 »

L'article 33 du décret du 27 octobre 1858 a attribué aux Conseils généraux le droit de fixer la part de la dépense des enfants trouvés et des aliénés à mettre à la charge des communes, et la base de la répartition à faire entre elles. Par suite de cette disposition, le Conseil général, dans sa séance du 23 septembre 1865, a fixé à 1/5 la part contributive des communes.

Si le Conseil vote les crédits inscrits aux articles 2, 3 et 4 du Chapitre III (Section II des Dépenses), et si, d'un autre côté, il maintient le quantum précédemment fixé pour les remboursements, cette part pour l'exercice 1872 doit être fixée à la somme de.............................. 32.400 »

ainsi décomposée :

1° 1/5e dans les dépenses d'entretien des enfants trouvés et orphelins, portées au budget pour une somme de fr. 105,798, soit le 1/5ᵉ .... 21,160 »

2° 1/5ᵉ dans les dépenses des aliénés indigents, prévues au budget pour une somme de fr. 56,200, dont le 1/5ᵉ est de.... .... 11,240 »

TOTAL............ 32,400 »

Art. 7. — PRODUIT DES EXPÉDITIONS DES PIÈCES ET ACTES DE L'ADMINISTRATION, DÉPOSÉS AUX ARCHIVES....... 80 »

Cette recette qui prend son origine dans l'art. 37 de la loi du 7 messidor, an II (25 juin 1794), a été classée en France parmi les recettes départementales par la loi du 10 mai 1838, et en Algérie par le décret du 27 octobre 1858. Elle est très éventuelle; je propose d'inscrire, comme les années précédentes, une somme de fr. 80 ».

Art. 8. — DROITS DE PÉAGE ET TAXES OU COTISATIONS AUTORISÉES AU PROFIT DU DÉPARTEMENT .. .. » »

Ce produit est nul; il n'existe aucun droit de l'espèce dans la province.

Art. 9. — PRODUIT DES RÉTRIBUTIONS DES ÉLÈVES DU COURS D'ACCOUCHEMENT ÉTRANGÈRES AU DÉPARTEMENT. » »

Un décret du 12 juillet 1851, relatif à l'exercice de la profession de médecin, chirurgien, sage-femme, a institué dans chaque province un jury médical pour la réception des officiers de santé et des sages-femmes. Les rétributions provenant des droits d'examen à subir par les aspirants devaient être versées dans la caisse du budget local et municipal.

Mais depuis, le décret du 4 août 1859, portant création à Alger d'une école préparatoire de médecine et de pharmacie, ayant établi que le reliquat du prix des inscriptions et des examens doit être versé à la Caisse municipale, le budget départemental, héritier du budget local et municipal n'a plus aucune recette de cette nature à effectuer. Cette disposition a motivé un changement dans l'intitulé du présent article qui ne concerne plus que le produit des rétributions des élèves du cours d'accouchement, étrangères au département, — cours institué par un arrêté préfectoral du 23 décembre 1839, près l'hôpital civil d'Alger, sous la surveillance du Directeur de l'école de médecine, et sous la direction d'un professeur spécial.

Aux termes de cet arrêté, ce cours est gratuit pour les élèves sages-femmes du département ; mais pour les élèves étrangères et non domiciliées dans le département, leur admission est subordonnée à une rétribution annuelle de 100 fr. au profit de la caisse départementale.

Aucune recette n'ayant été faite jusqu'à ce jour, à ce titre, il ne me paraît pas y avoir lieu d'inscrire ici une prévision.

Art. 10. — TAXE POUR LES VISITES DES OFFICINES DE PHARMACIENS, HERBORISTES, ETC. . . . . 2.000 »

Aux termes d'un décret du 12 juillet 1851, spécial à l'Algérie, les taxes fixées pour frais de visites des pharmacies, drogueries, etc., par l'arrêté du 25 thermidor an XI, sont perçues et recouvrées comme en matière de contributions diverses. Le produit de ces taxes est évalué en moyenne à la somme de 2,000 fr.

C'est le chiffre que je propose au Conseil d'admettre, en faisant remarquer qu'il ne s'agit que d'un chiffre d'ordre, qui se règle finalement d'après les dépenses effectuées auxquelles il doit correspondre. Le rôle de recouvrement ne s'établit, en effet, que sur le montant des dépenses consommées pour l'accomplissement des visites auxquelles les officines dont il est question ci-dessus, sont assujéties.

Art. 11. — PRODUIT DES AMENDES POUR CONTRAVENTIONS EN MATIÈRE DE ROULAGE .... 500 »

Un décret du 3 novembre 1855, a rendu applicable à l'Algérie la loi du 31 mai 1851, sur la police du roulage. Aux termes de ce décret, un tiers de l'amende encourue est attribuée à l'agent qui a constaté la contravention, et les deux autres tiers sont acquis, soit au trésor public, soit au budget départemental, soit aux Communes, suivant que la contravention ou le dommage a été effectué sur une route nationale, départementale ou vicinale.

La moyenne de la part des contraventions attribuées au budget départemental, a été, pendant ces dernières années, d'environ 500 fr. — Chiffre à maintenir.

Art. 12. — PRODUIT DES AMENDES DE POLICE CORRECTIONNELLE .... 15.370 »

Aux termes de l'ordonnance du 30 décembre 1823, les amendes de police correctionnelle sont perçues par les Receveurs de l'Enregistrement et des Domaines, et versées ensuite à la caisse du Receveur des Finances. Ce produit forme un fonds commun qui est tenu à la disposition des Préfets et qui est applicable :

1° Au remboursement des frais de poursuites tombés en non-valeurs ;

2° Au paiement des droits qui peuvent être dus aux greffiers des tribunaux pour les relevés des jugements ;

3° Au service des enfants trouvés ou abandonnés ;

Jusqu'à concurrence du tiers du produit excédant lesdits frais ;

4° Et pour les deux autres tiers, aux dépenses des communes nécessiteuses, d'après la répartition qui en est faite par le Préfet.

En Algérie, les ordonnances des 17 janvier 1845 et 2 janvier 1846, ont attribué au budget local et municipal, les amendes ou portions d'amendes attribuées, en France, aux communes et au fonds commun, par la raison qu'il n'existait pas encore, à cette époque, de communes instituées dans la Colonie. Mais depuis, le Ministre de l'Algérie et des Colonies a décidé, sous la date du 1er mars 1860, que le budget provincial continuerait à percevoir les produits de l'espèce, sauf à tenir compte, aux communes de plein exercice et aux localités non érigées en communes, de la part leur revenant sur le produit de ces amendes. C'est en exécution de ces prescriptions qu'une prévision de Recette est inscrite aux budgets provinciaux, ainsi qu'un crédit proportionné aux sommes à rembourser aux communes pour la part qui leur revient.

Les Recettes effectuées pendant les quatre dernières années se sont élevées, savoir :

En 1867 à........ Fr.	16.586 35
1868 à............	16.842 20
1869 à............	17.253 05
1870 à............	10.807 42

La moyenne, qui est de fr. 15,370, m'a paru être le chiffre à adopter pour les prévisions de 1872.

Art. 15. — PRODUIT DE LOCATION DES EAUX PROVENANT DES FORAGES ARTÉSIENS.......................... » »

Les forages artésiens exécutés jusqu'ici dans la pro-

vince, ont été entrepris par l'Etat ou les particuliers.
Le département n'a rien à prévoir pour cet objet.

Art. 14. — AMENDES DIVERSES (LICENCES ET AUTRES). 100 fr.

Aux termes de l'article 25 de l'ordonnance du 31 janvier 1847, le montant des amendes en matière de licences, est réparti ainsi qu'il suit :

1° Moitié aux agents qui ont constaté les contraventions et à leurs chefs immédiats.

2° Un quart à la Caisse des retraites.

3° Un quart à la Caisse locale et municipale, aujourd'hui départementale.

Le produit de ces amendes, d'ailleurs très éventuel, est très minime ; je propose de maintenir pour la part à prévoir au profit du département en 1872, la somme de 100 francs, qui figurait sur les budgets précédents.

SECTION III.

RECETTES EXTRAORDINAIRES.

Art. 1er. — CONTRIBUTIONS EXTRAORDINAIRES ET CENTIMES ADDITIONNELS FACULTATIFS DUMENT AUTORISÉS . » »

On ne peut inscrire de produits à ce titre qu'en vertu de lois spéciales qu'il appartient au Conseil de provoquer par ses votes, s'il entend entrer dans les voies d'assimilation, en matière d'impôts, qui peuvent seules conduire le département à l'établissement d'un régime financier fixe et régulier.

Art. 2. — PRIX DE VENTE D'IMMEUBLES ET D'OBJETS MOBILIERS.

§. 1. — *Ventes d'immeubles, provenant des corporations*.............................. 4 000 fr.

Le produit du prix de vente des immeubles provenant des anciennes corporations religieuses, attribué au budget local et municipal par l'ordonnance du 17 janvier 1845, a été maintenu au budget départemental par le décret du 27 octobre 1858.

Le nombre des immeubles de cette origine susceptibles d'être aliénés, a notablement dim[illegible]

Le service des Domaines évalu[illegible] cependant à 4.000 fr. le chiffre à prévoir en 1872.

Provenant d'autre origine 903 38

Il y a lieu de prévoir ici :

1° Le montant de la 2e annuité du prix de vente à la commune de Blida, de l'immeuble affecté à la Justice de paix de cette localité, vente consentie par acte approuvé en Conseil de préfecture, le 9 mars 1871, ci....... 403 38

2° Le montant de la première annuité du prix de vente à la commune de Douéra, suivant acte du 25 mars 1860, de l'immeuble affecté à la Justice de paix................................ 500 »

3° Le montant de la vente des terrains dits du *Plateau de l'Agha*.... .... Mémoire.

Total......... 903 38

L'ancien Conseil général a, en dernier lieu, résolu la reconstruction de l'hôpital civil d'Alger, sur son emplacement actuel, à Mustapha. Cette reconstruction devait être entreprise avec les premières ressources que procurerait la vente des divers terrains acquis en vue de la construction précédemment projetée de cet établissement hospitalier, sur le plateau de l'Agha.

En ce qui concerne ces derniers terrains, il a déjà été reconnu par M. le Gouverneur général que : « ils ont été acquis en vue d'y construire un hôpital civil ; que le prix en a été payé avec les fonds provenant tant du budget local et municipal que du budget provincial ou départemental, qui lui a succédé en héritant de ses droits et de ses charges ; et qu'ainsi, la province (le département) étant propriétaire desdits terrains, rien n'empêche qu'elle en dispose par voie d'aliénation, à la condition d'en affecter le produit total à la reconstruction de l'hôpital sur son emplacement actuel, suivant le vote du Conseil général. »

Un projet de lotissement pour la vente des terrains du plateau de l'Agha vous est soumis. Il fait l'objet d'un rapport spécial qui est déposé sur le bureau. Par suite, il y a lieu de prévoir au budget la recette du produit de la vente de ces terrains ; mais je n'ai pu faire figurer cette prévision que pour mémoire seulement, par les motifs suivants :

Les terrains du plateau de l'Agha présentent une superficie de 51.000m. En retranchant la superficie qui est absorbée par les voies jugées nécessaires, il reste disponible 34.305m ou 33.305m, suivant celui des deux projets en concurrence qui sera adopté pour la vente.

La valeur du mètre de terrain étant estimée à 7 fr. en moyenne, la vente pourrait produire dans le premier cas 240.135 fr., et dans le second cas 333.841 fr.

Malgré la différence qui existe dans la superficie disponible entre l'un et l'autre projet, chacun d'eux comprend également 58 lots à vendre, mais 9 de ces lots, d'une contenance totale de 5.368m, comprennent une partie qui restera forcément à l'état théorique jusqu'à ce que le ravin qu'ils longent soit comblé et que le boulevard sur lequel ils prendront façade soit créé.

La somme à inscrire aux prévisions de recettes demeure donc subordonnée au choix que vous ferez entre les deux projets qui doivent être étudiés pour le lotissement et la vente des terrains dont il est question.

Quand vous aurez décidé à cet égard, il vous restera à prononcer sur la destination à donner à cette somme, soit que vous confirmiez l'affectation spéciale que vos prédécesseurs lui ont réservée, soit que vous jugiez préférable de lui donner un autre emploi.

§ 2. — *Vente d'objets mobiliers.*

Provenant des corporations................ » »

Ce produit prend sa source dans la vente de matériaux de maisons provenant des anciennes corporations religieuses démolies pour cause de sûreté publique ; il est dû aussi à la vente des produits provenant de propriétés rurales. Il est très éventuel, et je ne prévois aucune recette de l'espèce à faire en 1872.

Provenant d'autre origine............. 2 069 08

Cette ressource provient de la vente d'objets hors d'usage, acquis par le département pour les besoins d'établissements à la charge de son budget, tels que meubles réformés, papiers de rebut, etc. On y voit aussi figurer les issues provenant des hôpitaux civils.

La moyenne des recettes de l'espèce s'élève au chiffre approximatif de........................ 800 »

Mais pour 1872, il y a lieu de prévoir, en outre, ainsi qu'il sera expliqué à la partie des dépenses (ameublement de l'hôtel de la Préfecture), une autre somme de 1 869 63 représentant la valeur d'objets mobiliers prêtés en 1864 au Secrétariat général du gouvernement (voir 2e partie, section 2, ch. 2, art. 2, § 1, acquisition de mobilier).

Ce qui constitue une prévision de. . ..... 2.069 63 que je propose au Conseil d'inscrire au budget de 1872.

Art. 3. — DONS ET LEGS DUMENT AUTORISÉS. . . » »

Rien à prévoir pour 1872.

Art. 4. — REMBOURSEMENT DE CAPITAUX EXIGIBLES OU DE RENTES RACHETÉES. 1.000

Aux termes de l'ordonnance du 1er octobre 1844, les ventes ou concessions d'immeubles, faites à des particuliers étaient effectuées au moyen du paiement d'une rente annuelle et perpétuelle, au taux 10 fr. p. 0/0 du capital. Un décret du 21 février 1850 a réduit ces rentes de moitié ; puis un autre du 10 décembre 1851, a admis les acquéreurs, qui s'engageraient envers l'administration à se libérer de leur dette par le remboursement du capital, exécuté conformément à l'ordonnance du 1er octobre 1844, à effectuer ce remboursement en huit ans, par annuitées égales.

Ces rachats ont été assez considérables dans les premières années, mais depuis cette époque, ils ont été en diminuant par suite des extinctions. Le service des domaines évalue à 1.000 fr. la somme à prévoir pour 1872.

Art. 5. — EMPRUNTS DUMENT AUTORISÉS. . . . . » »

Jusqu'ici, faute de revenus fixes, le département ne pouvait songer à recourir à l'emprunt pour éteindre ses déficits et recouvrer son équilibre. Si vos déterminations consolident sa situation précaire par l'imposition de centimes additionnels, il retrouvera un crédit qui lui permettra de puiser dans l'emprunt les fonds immédiatement nécessaires pour rétablir sa situation aujourd'hui compromise, non seulement au point de vue de son économie financière, mais encore sous le rapport de besoins vitaux depuis très longtemps négligés.

Art. 6. — SUBVENTION DE L'ÉTAT, DES COMMUNES ET DES ASSOCIATIONS PARTICULIÈRES POUR CONCOURIR A L'EXÉCUTION DE TRAVAUX D'UTILITÉ DÉPARTEMENTALE. . . . . » »

Aucune commune n'est en situation d'aider à l'exécution des travaux d'utilité départementale.

A l'égard des particuliers, on n'a pas encore eu à constater l'effet de leur concours et si quelque circonstance venait à se présenter, ce serait tout fortuitement.

Quant aux subventions de l'Etat, celles qu'il accorde au département proviennent en ce moment de l'emprunt Frémy Talabot et figurent à la section IV des Recettes spéciales.

Art. 7. — SUBVENTION SUR LE FONDS COMMUN. » »

Aux termes de l'article 50 du décret du 27 octobre 1858, il était prélevé sur l'ensemble des ressources ordinaires de chaque département un quantum de fr. 10 0/0 destiné à former un fonds commun laissé à la disposition du Gouverneur général pour être réparti entre les trois départements, au prorata de leurs besoins et à titre de ressources supplémentaires.

Cette disposition se trouve aujourd'hui abrogée par un décret du gouvernement de la Défense nationale, en date du 6 février 1871, qui a prononcé la suppression de ce fonds commun.

Je n'avais donc pas à inscrire de prévision à ce titre. C'est assez dire que, par contre, je me suis abstenu d'opérer sur les recettes ordinaires, le prélèvement de 10 0/0 destiné à former le fonds désormais supprimé.

La suppression du fonds commun, qu'alimentait le département de Constantine, beaucoup mieux partagé que les deux autres, sous le rapport de l'impôt arabe, est de nature à augmenter nos difficultés, en tarissant la source des subventions exceptionnelles que nous recevions de ce chef.

Je suis heureux de vous faire connaître que M. le Gouverneur général est en instance auprès de MM. les Ministres des finances et de l'intérieur, pour obtenir, par une autre voie, les moyens d'atténuer les effets de cette mesure.

Art. 8. — PART CONTRIBUTIVE DES DÉPARTEMENTS DANS LES FRAIS D'EXPOSITION A ALGER DES PRODUITS DE L'ALGÉRIE. »

Un arrêté du Gouverneur général de l'Algérie, en date du 30 août 1861, avait établi qu'à dater de 1862 il y aurait tous les ans, en Algérie, une exposition générale des produits de l'agriculture et des différentes industries agricoles ; mais il a été décidé depuis, sous la date du 3 mars 1865, que ces expositions n'auraient plus lieu. Toutefois, le Gouverneur général s'est réservé la faculté de prononcer l'ouverture d'une exposition, suivant que l'opportunité lui en serait démontrée par les Préfets. La situation du budget s'opposant à l'ouverture d'une exposition à Alger en 1872, je ne saurais proposer aucune recette à ce titre.

La somme encaissée en 1870 provient d'une subvention spéciale, accordée au budget du département d'Alger, pour représenter la part de celui d'Oran, dans les dépenses de l'exposition permanente ; mais, par dépêche du 27 juin 1871, M. le Gouverneur général a fait connaître qu'on ne devait plus compter, à l'avenir, sur aucune recette pour cet objet. Il est à remarquer, au surplus, que ces sortes de recettes ne peuvent se porter en prévision, puisqu'elles sont subordonnées à des résolutions étrangères.

Art. 9. — INDEMNITÉ PAYÉE PAR LE DÉPARTEMENT DE LA GUERRE A TITRE DE COMPENSATION DU LOGEMENT EN NATURE FOURNI AUX OFFICIERS DE GENDARMERIE..... 1.560 »

Aux termes d'une circulaire de M. le Ministre de la guerre, en date du 17 décembre 1844, une indemnité a été accordée aux départements à titre de compensation des dépenses que leur occasionne le logement des officiers de gendarmerie dans les casernes.

La somme annuelle à prévoir au profit du budget départemental est de........................ 1.560 »

Cette indemnité est fixée comme il suit, selon le grade des officiers :

Colonel..........................	660
Lieutenant-colonel...............	540
Chef d'escadron..................	420
Capitaine et trésorier...........	240
Lieutenant et sous-lieutenant	120

Le département loge actuellement les officiers ci-après dans les casernes louées pour son compte :

Alger.	1 Capitaine..............	240
	1 Trésorier..............	240
Arba...	1 lieutenant	120
Dellys..	1 Lieutenant.............	120
Miliana	1 Capitaine commandant...	240
	1 Lieutenant trésorier.....	240
	1 Lieutenant..............	120
Blida...	1 Lieutenant....	120
Ténès .	1 Lieutenant..............	120

La réunion de ces sommes forme le total de 1,560 fr. que je propose d'inscrire dans les prévisions de recettes.

ART. 10. — RECETTES ACCIDENTELLES ...... 1.000 »

La dénomination de ce produit explique sa nature. Les recettes de l'espèce sont très éventuelles, et la somme à prévoir ordinairement peut être évaluée à fr. 1.000.

C'est ce chiffre que je propose au Conseil d'admettre.

SECTION IV

RECETTES SPÉCIALES

Sous cette rubrique sont inscrites les subventions qui sont allouées pour dépenses de travaux d'utilité publique ainsi que les contingents des communes pour dépenses d'intérêt commun.

Les budgets précédents comprenaient deux articles de recettes, savoir :

1° Subvention sur le fonds commun pour le paiement des indemnités variables allouées aux géomètres du cadastre ;

2° Subvention de l'Etat sur l'emprunt Frémy-Talabot pour la création de routes départementales, de chemins de grande communication et de chemins divers.

Nous n'avons cette année aucune recette à prévoir pour le travail du cadastre puisque cette subvention spéciale était prélevée sur le 6e 1/10 de l'impôt arabe, et qu'il n'a été attribué au département que jusques et y compris 1871, ainsi que je l'ai indiqué à la partie des recettes concernant l'impôt arabe.

Quant aux subventions à provenir de l'emprunt Frémy Talabot, elles sont subordonnées à la répartition, par l'autorité supérieure, des travaux extraordinaires qui peuvent être dotés sur les derniers versements à effectuer par la Compagnie générale algérienne.

ART. 10. — RECETTES ACCIDENTELLES 1.000

La dénomination de ce produit explique suffisamment. Les recettes de l'espèce sont très éventuelles, et la somme à prévoir ordinairement peut être évaluée à fr. 1.000.

C'est ce chiffre que je propose au Conseil d'admettre.

SECTION IV

RECETTES SPÉCIALES

Sous cette rubrique sont inscrites les subventions qui sont allouées pour dépenses de travaux d'utilité publique ainsi que les contingents des communes pour dépenses d'intérêt commun.

Les budgets antérieurs comprenaient deux articles de recettes spéciales :

1° Subvention sur le fonds commun pour le paiement des indemnités variables allouées aux géomètres du cadastre ;

2° Subvention de l'État sur l'emprunt [illegible] fait pour la construction de routes départementales, de chemins de grande communication et de chemins divers.

[illegible]

Quant aux subventions à provenir de l'emprunt [illegible], elles sont subordonnées à la répartition, par [illegible], des travaux extraordinaires qui peuvent [illegible] [illegible] général [illegible]

DEUXIÈME PARTIE

DÉPENSES

SECTION 1re

RESTES A PAYER DES EXERCICES ANTÉRIEURS

Chapitre 1er

DÉPENSES COMPRISES DANS LES COMPTES DE L'EXERCICE 1870, ET DES EXERCICES ANTÉRIEURS 195,802 22

Cette somme de fr. 195,802 22 représente le montant des restes à payer à la clôture de l'exercice 1870, tel qu'il ressort du tableau qui se trouve joint au dossier.

Ces dépenses devraient, conformément aux règlements, être constatées par un supplément spécial de report au budget de l'exercice 1871, et ordonnancées au titre de cet exercice, mais les recettes indispensables pour faire face à leur paiement n'ayant pu être réalisées, puisque, au contraire, nous avons eu à constater un déficit dans l'équilibre de nos comptes de l'exercice 1870, il n'est pas possible d'opérer la liquidation de ces dépenses au titre de l'exercice 1871.

C'est pourquoi j'ai l'honneur de proposer au Conseil, lorsqu'il aura constaté la validité des créances, de les comprendre au budget de l'exercice 1872, par imputation sur les ressources propres de cet exercice.

Chapitre II.

DÉPENSES NON COMPRISES DANS LES COMPTES DE L'EXERCICE 1870 ET DES EXERCICES ANTÉRIEURS...... 14.779 26

Le tableau joint au dossier donne, avec leur origine et leur montant, l'énumération des créances dont la légitimité est reconnue, et qui n'ont pu être comprises dans les comptes, par suite de la présentation tardive des pièces justificatives par les parties prenantes.

Je tiens à la disposition du Conseil les pièces justificatives de ces créances.

Je dois cependant attirer, dès à présent, votre attention sur l'une de ces créances qui se présente dans des conditions toutes particulières.

Dans sa séance du 6 octobre 1869, le Conseil général a été saisi de réclamations pour attribution d'honoraires, formées par M. Guiauchain, architecte en chef des bâtiments civils, à l'occasion de la rédaction et de la préparation des projets relatifs notamment à la construction d'un hôpital civil à Alger.

Par un arrêté, en date du 23 juin 1870, le Conseil de Préfecture, auquel M. Guiauchain avait cru devoir s'adresser pour faire statuer sur sa réclamation concernant ces derniers projets, a rendu un arrêté qui condamne le département à payer une indemnité de douze mille francs à l'Architecte en chef des bâtiments civils pour les travaux préparatoires exécutés par lui et les agents de son service, à propos de la construction en projet d'un hôpital civil à Alger.

Le 22 septembre dernier, M. Guiauchain m'a fait signifier cet arrêté qui, depuis plus d'un an avait acquis force de chose jugée, en déclarant qu'il entendait faire courir les intérêts, au taux légal, de cette somme de 12,000 fr., à compter dudit jour.

La somme en question figure l'état des créances avec les intérêts décomptés du 22 septembre au 31 décembre 1871.

Pour les intérêts à courir du 1er janvier 1872 au jour du paiement qui, selon toute probabilité, s'effectuera dans le premier trimestre de l'exercice qui va s'ouvrir, je vous propose d'admettre qu'ils soient soldés sur le crédit réservé aux dépenses imprévues. Il faut remarquer, en effet, que cette dépense devrait être imputée à la Section des dépenses *facultatives et extraordinaires*, puisqu'il s'agit de projets relatifs à des travaux neufs, alors qu'elle est devenue obligatoire au premier chef, puisqu'elle est la conséquence d'un jugement. L'imputation que je vous propose n'aura rien que de très normal, car, en résumé, il est impossible de prévoir exactement le chiffre des intérêts puisque le jour du paiement du principal reste lui-même indéterminé.

SECTION II

DÉPENSES ORDINAIRES ET OBLIGATOIRES.

Chapitre Ier

FRAIS DE PERCEPTION DES REVENUS DÉPARTEMENTAUX.

ART. 1er. — *Abonnement avec le Trésor pour les frais de perception des revenus départementaux recouvrés par les agents financiers*.......................... » »

§ 1er. — Frais de perception de la part des revenus de l'octroi de mer, attribuée au budget départemental chargé, jusqu'à nouvel ordre, de supporter l'intégralité des dépenses des hospices.

Il n'y a jamais rien eu jusqu'ici et il n'y a encore rien à prévoir à ce paragraphe, par la raison que le département reçoit directement la part nette qui lui est attribuée, après que le Trésor a préalablement opéré les prélèvements auxquels il a droit, sur le produit brut de l'octroi de mer.

§ 2. — Frais de perception des autres produits du budget départemental et frais d'acquittement des dépenses. 4.561 »

Aux termes de l'article 66 de l'ordonnance du 2 janvier 1846, les frais de perception des produits et revenus, ainsi que du paiement des dépenses classées au budget local et municipal, doivent être remboursés au Trésor, au moyen d'un prélèvement de 10 p. 0/0, sur le montant brut des recettes effectuées par ses agents.

Le décret du 27 octobre 1858, constitutif du budget provincial (aujourd'hui départemental), a appliqué cette disposition à ce budget; mais un décret subséquent du 18 septembre 1860 a réduit le prélèvement à 3 p. 0/0. Par suite, le chiffre à inscrire au budget de l'exercice 1872, pour frais de perception, doit être fixée à 4,561 fr. ainsi calculé : le total des recettes s'élève à la somme de 2.071.641

De cette somme, il y a lieu de déduire *comme non passibles du prélèvement de 3 p. 0/0*, conformément aux dispositions des circulaires des 27 octobre 1846 et 14 février 1860, les recettes ci-après :

1° Produit de l'octroi de mer, sur lequel la retenue a déjà été opérée directement 318.600

2° Remboursement des frais de traitement dans les hôpitaux. 101.268

3° Quote-part des communes dans les dépenses des enfants trouvés et des aliénés 32.400

A reporter	542.268	2.071.641

Report............	542.268	2.071.611
4° Produit de l'impôt arabe *en territoire militaire* (la part attribuée au territoire civil et non passible de la retenue de 3 p. 0/0 est évaluée à 100,000 fr.)......	1.372.700	
5° Produit des expéditions des actes administratifs déposés aux archives......................	80	
6° Taxes pour les visites des pharmacies, drogueries, etc....	2.000	
7° Subvention de l'Etat, des communes, etc...............	»	
8° Indemnité payée par le département de la guerre, en compensation du logement en nature fourni aux officiers de gendarmerie........................	1.560	
9° Recouvrements d'avances et remplacements de dépenses	1.000	
Total à déduire..........................		1.919.608
Reste passible du prélèvement de 3 p. 0/0		152,033

Dont le 3 p. 0/0 est de 4,561 fr.

ART. 2. — *Part des chefs indigènes chargés de concourir à la perception de l'impôt arabe.* »

ART. 3. — *Part des chefs indigènes chargés d'assurer la rentrée des amendes infligées aux Arabes, en territoire militaire*................................ » »

En exécution d'instructions du Ministre de l'Algérie et

des colonies, en date du 23 octobre 1858, le paiement de la part revenant aux chefs indigènes, chargés de concourir à la perception de l'impôt arabe ou au recouvrement des amendes, a continué, jusqu'à ce jour, à s'effectuer au moyen d'opérations qui n'affectent pas directement le budget départemental, c'est-à-dire par des prélèvements sur le produit brut au moment du versement de l'impôt chez les receveurs des contributions diverses. Ces deux articles de dépenses ne figurent donc ici, que pour mémoire, et ainsi que le portent les instructions ministérielles précitées dans « la supposition que des mesures nouvelles pourront plus » tard modifier le système actuel dont le fonctionnement » présente plus d'un inconvénient. »

ART. 4. — *Remboursements, restitutions et non-valeurs en ce qui concerne les produits départementaux,* 10.000 *fr.*

Le crédit à prévoir à ce titre est destiné :

1° Au paiement des sommes à restituer pour trop perçu sur les sommes recouvrées sur les particuliers ;

2° Au remboursement aux communes et aux agents qui ont constaté des contraventions en matière de police correctionnelle, de simple police et de roulage, de la part qui leur est afférente dans le produit de ces amendes.

Cette dépense est éventuelle ; elle est subordonnée, ainsi que la recette correspondante au plus ou moins de contraventions constatées ; on ne peut donc baser le crédit à prévoir que sur le chiffre des dépenses effectuées pendant les années précédentes. Ainsi il a été payé :

En 1867	9.808 23
1868	10.740 35
1869	12.823 02
1870	8.783 85

La moyenne ressort à 10.480 fr., je propose au Conseil d'inscrire au budget de 1872 la somme ronde de 10.000 fr.

Chapitre II

ADMINISTRATION.

ART. 1er. — *Loyer des hôtels de préfecture, sous-préfectures, des commissariats civils et du bâtiment académique.*

§ 1er. — Loyer de l'hôtel de la Préfecture et de ses annexes, et du bureau civil du général administrateur des territoires dits militaires.

Maison de la rue des Consuls n° 23, bail du 14 février 1870, pour 2, 4 ou 6 ans......	2,800 »
Ainsi qu'il a été dit à la section 1re Recettes, cette dépense est couverte et au delà par une somme de 3.000 fr. que paie le budget de l'Algérie en représentation du loyer de deux maisons mauresques formant dépendance de la Préfecture, et qui ont été, lors de l'établissement de l'ancienne direction générale des services civils, annexées aux bâtiments de l'Etat contigus à la Préfecture pour compléter l'installation des bureaux de ladite Direction générale.	
Locaux servant au bureau civil du général administrateur des territoires *dits militaires*. — Bail du 28 septembre 1871, résiliable à la volonté des parties..	1.400 »
Total	4.200 »

Si une nouvelle organisation venait à séparer l'administration du commandement, et que le général commandant la division cessât, par suite, d'exercer les pouvoirs administratifs dans les territoires *dits militaires*, le bureau civil actuellement attaché à la division rentrerait à la préfecture et le bail ci-dessus serait à résilier.

§ 2. — Loyer des Sous-Préfectures :

Sous-Préfecture de Miliana. — Bail du 15 septembre 1868, pour 3, 6 ou 9 ans; échéance: 14 janvier 1872-75-78 .... 3.600 »

§ 3. — Loyers des Commissariats civils :

D'Aumale ; bail du 1er novembre 1869, pour 3 ans; échéances 31 octobre 1872 .... 2.500 »

Le Commissariat civil peut être considéré comme supprimé de fait. Cependant aucune décision n'est encore invervenue à cet égard de la part du pouvoir compétent. Il peut se faire au surplus, qu'Aumale devienne le centre d'une circonscription de cercle, et, par suite, que le loyer soit à maintenir. C'est pourquoi je propose l'inscription du chiffre annuel, bien que le bail en cours, prenant échéance le 31 octobre prochain, il suffise d'une somme de 2,083 33 pour y faire face.

De Boghari (représenté par une indemnité au commissaire civil) .... 2.400 »

La difficulté de trouver un immeuble suffi-

A reporter .... 4.000 »

Report .... 4.900 »

sant, et l'incertitude où l'on est resté pendant un certain temps sur le point à choisir de Boghar ou de Boghari comme chef-lieu du district, ont conduit l'administration à attribuer au titulaire, comme indemnité de logement, la somme représentative du loyer du commissariat civil de Tenez dont la suppression coïncidait précisément avec la création de celui de Boghari. Le commissaire civil se loge ainsi à ses frais, moyennant une allocation qui disparaîtrait purement et simplement si ce commissariat civil venait à être supprimé........ » »

De Dellys. — Bail du 5 mai 1857, pour 3, 6 ou 9 ans ; prorogé pour six années suivant acte du 25 juin 1864 ; échéance 31 mars 1872.. 2.000 »

Total.......... 6.900 »

L'ensemble des crédits figurant à ces §§ est inférieur de 480 fr. aux allocations de l'exercice précédent ; cette différence représente le solde des baux des commissariats civils supprimés, de Cherchel et d'Orléansville, qui se sont éteints dans le cours de 1871.

§ 4. — Indemnité de logement aux secrétaires et aux gardes coloniaux attachés aux Commissariats civils. (Décision ministérielle du 27 mai 1850.)

Indemnité aux secrétaires du Commissariat civil :

D'Aumale	300 »
De Dellys	300 »
De Boghari	300 »
Id. au garde colonial de Boghari	180 »
Ensemble	1.080 »

Le Commissariat civil d'Orléansville ayant été supprimé de fait et un office d'huissier ayant été créé à Marengo, le crédit de ce § qui était de 1,560 doit être réduit à 1,080 fr.

§ 5. — Frais de conciergerie des hôtels de Préfecture et de Sous-Préfectures.

Maintien du crédit des années précédentes .... 1.600 »

ART. 2. — *Ameublement et entretien de l'hôtel de la Préfecture, etc.*

§ 1er. — Acquisition de mobilier.

1° Pour l'hôtel de la Préfecture	2.000 »
2° Pour l'hôtel du Général, commandant la division	2 000 »
3° Pour le cabinet du préfet, le cabinet du secrétaire général, la salle du conseil de préfecture et les bureaux	1.000 »
Total	5.000 »

En l'absence du Conseil général qui n'a pu se réunir l'année dernière, le budget a été établi d'office dans les formes prescrites par le décret du 27 octobre 1858. La préfecture était sans titulaire et, par un sentiment de réserve facile à apprécier, on crut devoir n'inscrire qu'un crédit relativement insignifiant.

Le taux légal du mobilier de la préfecture a été fixé dans la session de 1869, à la somme de 60,000 francs ; or, l'inventaire de l'hôtel et de son annexe ne s'élève jusqu'à ce jour qu'à 45,700 fr.

Je me bornerai à demander le rétablissement du crédit qui figurait au budget de 1870, soit 2,000 fr. pour l'hôtel de la préfecture.

Je porte un crédit d'égale somme demandé par M. le général administrateur des territoires dits militaires, pour compléter l'ameublement de son hôtel dont le taux a été également fixé à 60,000 fr., et qui, d'après le dernier inventaire, ne s'élève qu'à 32,600 fr. (chiffre rond).

Si l'organisation à laquelle je fais allusion à l'article 1er (locations) devait se réaliser, non-seulement cette allocation de 2,000 fr. deviendrait sans objet, mais il resterait à examiner ce qu'il y aurait à faire d'un mobilier qui ferait en effet retour au département, puisque celui-ci n'aurait plus à pourvoir à l'ameublement de l'hôtel du général commandant la division.

Dans le cas où ce mobilier serait conservé pour l'hôtel de la division, sauf remboursement au département par le ministère de la guerre, il y aurait lieu de comprendre une évaluation à l'art. 2 de la 3e section des recettes, tout en faisant la part de la dépréciation résultant de l'usage, part qui pourrait être de 50 0/0 du prix d'acquisition, sous réserve d'une expertise ultérieure.

Au sujet de l'allocation no 3, je demande une augmentation

du crédit de 500 fr. alloué en 1870, afin de combler la lacune qui existe sur le budget de 1871.

Vous verrez, par le devis qui vous sera soumis, qu'une somme de 1.300 fr. serait nécessaire pour compléter le matériel du cabinet du préfet, du secrétaire général, du conseil de préfecture et des bureaux, lequel matériel s'élève, d'après l'inventaire spécial, à 12.200 francs (chiffre rond).

Je dois, à cette occasion, faire connaître qu'il est dû au département une certaine somme en représentation d'objets qui ont cessé, il y a quelques années, de figurer au mobilier départemental.

En 1860, sous le Directeur général des affaires civiles qui cumulait alors, avec ces hautes fonctions, celles de Préfet d'Alger, le mobilier de la Préfecture et celui de la Direction générale, avaient été confondus.

Lorsque, en 1864, les deux fonctions furent de nouveau séparées, plusieurs articles du mobilier de la Préfecture furent gardés dans l'hôtel voisin qui avait changé de dénomination et était devenu le Secrétariat général du gouvernement.

Ces objets, qui ont continué à être compris, pour ordre, dans l'inventaire de la préfecture au chiffre de 1.451 75, ont fini par s'user ou être hors d'usage.

Le département est fondé à réclamer le remboursement de cette somme, et je l'ai comprise à la section 3 des recettes.

§ 2. — Entretien ordinaire du mobilier.

1° De l'hôtel de la Préfecture et de ses annexes	2.250	»
2° De l'hôtel du Général, commandant la division	1.500	»
A reporter	3.750	»

Report	3,750 »
3° Du cabinet du Préfet et de la salle du Conseil de Préfecture et de ses bureaux	600 »
Total	4,350 »

Le décret du 18 août, 12 septembre 1860, fixe au vingtième du taux légal du mobilier des hôtels de Préfecture, l'allocation à voter pour l'entretien annuel de ce mobilier.

En demandant un crédit de 2,250 fr. pour le mobilier de l'hôtel, je me maintiens dans cette proportion, tout en restant au-dessous de la somme votée en 1870.

J'inscris également la somme indiquée par M. le Général comme étant nécessaire pour l'entretien de son ameublement.

Pour ce qui est du matériel des bureaux, la somme de 600 fr. que j'indique est d'autant plus nécessaire que l'on n'a rien inscrit en 1871 pour un entretien qui devient plus exigeant aujourd'hui. Cette allocation resterait au surplus, comme celle relative au mobilier de l'hôtel, dans les proportions légales.

§ 3. — Acquisition de mobilier pour la Sous-Préfecture de Miliana.............................. » »

§ 4. — Entretien du mobilier de la Sous-Préfecture de Miliana.............................. 200 »

Le mobilier de la Sous-Préfecture de Miliana n'a pas atteint le taux de 10,000 fr. fixé dans la session de 1869, pour les hôtels de Sous-Préfecture ; l'inventaire ne s'élève, en effet, qu'à 7,666 fr.

Néanmoins, la situation du budget a exigé la suppression de toute allocation depuis deux ans pour l'augmentation de ce mobilier. Je ne crois pas qu'il y ait lieu de rétablir un crédit pour cette année ; mais j'insisterai pour obtenir que le fonds destiné à l'entretien soit rétabli au chiffre de 200 fr., comme au budget de 1870. Cette somme est indispensable à l'entretien du mobilier dont il s'agit.

§ 5. — Acquisition de mobilier pour les Commissariats civils .... » »

§ 6. — Entretien du mobilier des Commissariats civils .... 600 »

Comme pour la Sous-Préfecture de Miliana, je crois inutile de créditer, cette année, le § *Acquisition*; mais j'insiste pour que la somme destinée à l'entretien puisse être maintenue.

§ 7. — Acquisition du mobilier pour le Service académique .... » »

§ 8. — Entretien du mobilier du local affecté au Service académique .... » »

§ 9. — Bibliothèques administratives....... 600 »

Je propose de conserver l'allocation accordée pour les bibliothèques administratives alors même qu'il n'y aurait plus à s'occuper du bureau civil de la *Division*. Les bibliothèques sont à compléter, non seulement en continuant la collection des ouvrages de droit administratif en cours de publication, mais aussi par l'addition d'ouvrages nouveaux qu'il importe de se procurer pour tenir nos bibliothèques administratives au courant.

Art. 3. — *Archives de la province.*

§ 1er. — Frais de garde et de conservation des archives du département .... 2,400 »

§ 2. — Casiers et cartons.................. 450 »

Le crédit de 2,400 fr. ci-dessus a été employé intégralement jusqu'ici à payer le traitement d'un archiviste qui sortait de l'école des Chartes et a apporté des améliorations assez importantes dans le classement des archives.

Cet employé ayant été promu à d'autres fonctions, je me propose de n'allouer à son successeur qu'un traitement de 1,800 fr. et de consacrer le surplus du crédit, soit 600 fr., au salaire d'un homme de peine dont l'aide a été reconnu indispensable.

Art. 4. — *Cours d'assises et tribunaux.*

§ 1er. — Traitement des concierges et chaouchs.

Tribunal de 1re instance, Alger :

1 concierge, 2 chaouchs, à 900 fr...... 2.700 »

Tribunal de 1re instance, Blida :

1 concierge, 2 chaouchs, à 600 fr...... 1.800 »

Tribunal de commerce, Alger :

1 concierge à 900 fr.................. 900 »

Justices de paix :

1 chaouch pour les 2 justices de paix d'Alger, 1 pour chacune de celles de l'Alma, Aumale, Blida, Boufarik, Cherchel, Koléa, Dellys, Médéa, Miliana, Orléansville, Ténès, Tizi-Ouzou, Marengo et Douéra.......................... 9.300 »

Total............ 14.700 »

§ 2. — Loyers et frais de baux de bâtiments :

Cour d'assises :

La cour d'assises d'Alger est installée dans un immeuble appartenant à l'Etat.

Tribunaux de 1re instance :

d'Alger (bail du 20 janvier 1863, 3, 6 ou 9 ans, échéance du 21 janvier 1872) .... 2.400 »

de Blida (bail du 30 mai 1870 pour un an, à partir du 1er juillet suivant) .... 3.000 »

Les services judiciaires sont installés dans l'hôtel de l'ancienne sous-préfecture, mais la salle d'audience est restée dans le local Almaric, situé en face dudit hôtel, moyennant un bail que mon prédécesseur a limité à une année. Il pensait que le Conseil général examinerait, dans la session de 1870, les moyens d'arriver à compléter l'installation par la transformation en salle d'audience de la cour intérieure de l'édifice. Cette transformation doit-elle être réalisée ? Serait-il préférable de reprendre la combinaison en suite de laquelle, un entrepreneur, M. Condamine, offrait de construire un tribunal sur un terrain lui appartenant, moyennant, outre une somme de 60.000 fr. à payer par annuités par le département, celle de 70,000 fr. à fournir par la commune comme prix d'acquisition de l'ancien hôtel de la sous-préfecture, que le département lui avait cédé conditionnellement, en vue de ladite combinaison ; vous aurez à choisir définitivement entre

A reporter....... 5 400 »

Report..........	5.400 »
les deux projets qui vous seront soumis. Mais quelle que soit votre détermination, il n'en faut pas moins assurer le paiement du bail Almaric, qui a été continué par tacite reconduction.	
Tribunal de commerce d'Alger (bail du 25 février 1869, pour 3, 6 ou 9 ans.) Echéances : 31 décembre 1871-74-77........	3.500 »
Total	8.900 »

§ 3. — Loyers et frais de baux pour la justice musulmane :

Mehakma du cadi d'Aumale (bail du 10 mars 1870, pour 3 ans. Echéance : 31 mars 1873)..............................	300 »
Mehakma du cadi de Blida (bail du 25 juin 1869, pour 3 ans. Echéance du 31 décembre 1871)........................	600 »
(Ce bail sera renouvelé).	
Mehakma du cadi de Koléa (bail du 21 novembre 1866, pour 3, 6 ou 9 ans. Echéances : 31 décembre 1872-75)..........	300 »
Mehakma du cadi de Cherchel (bail du 4 juin 1869, pour 3, 6 ou 9 ans. Echéances : 31 décembre 1872-75-78	250 »
Mehakma du cadi de Médéa (bail du 31 décembre 1864, pour 6 ou 9 ans. Echéance : 31 décembre 1871)...............	300 »
A reporter	1.750 »

Report	1.750 »
Mehakma du cadi de Miliana (bail fin 24 janvier 1867, pour 3, 6 ou 9 ans. Echéances : 31 janvier 1873-76	540 »
Local affecté au cadi sur le marché de l'Arba (bail du 5 octobre 1867, pour 3, 6 ou 9 ans. Echéances : 31 décembre 1871-74-77	180 »
Mehakma du cadi de Rouiba (bail du 20 août 1865, pour 3, 6 ou 9 ans. Echéance : 30 septembre 1874)	120 »
Mehakma du cadi de Marengo (bail du 1er janvier 1870, pour 3 ans. Echéance : 31 décembre 1872)	150 »
Mehakma du cadi de Ténès (bail du 5 septembre 1864, pour 3, 6 ou 9 ans. Echéance : 30 septembre 1873)	240 »
Total	3.980 »

§ 4. — Frais d'entretien du Mobilier :

De la cour d'assises d'Alger	200 »

Depuis l'organisation du jury, la cour d'assises, qui fonctionnait autrefois dans le local de la cour d'appel, se tient dans l'ancien hôtel de l'Intendance. On y a constitué l'ameublement nécessaire, dont le département doit, désormais, assurer l'entretien.

Des tribunaux de 1re instance et parquets :

d'Alger	150 »
de Blida	100 »
du tribunal de commerce d'Alger	100 »
Total	550 »

§ 5. — Achat et renouvellement du Mobilier :

Des cours d'assises	»	»
Des tribunaux de 1re instance et parquets	»	»
D'Alger	»	»
De Blida	»	»

§ 6. — Eclairage des bâtiments et des pièces occupés par les divers services judiciaires.

Cour d'assises d'Alger	300	»

La nouvelle installation de la cour d'assises comprend l'éclairage au gaz.

Les dépenses effectuées pendant les différentes sessions qui ont eu lieu cette année, se sont élevées :

Pour le mois de mars	50	40
— de mai	26	40
— de septembre	28	50
— d'octobre	15	»
Total	120	30

En ajoutant :

1° Pour la session de novembre	60	»
2° Pour les frais de nettoyage des becs de gaz, par an	12	»
3° Pour dépenses imprévues, en cas de sessions supplémentaires	107	70
On arrive au chiffre de	300	»

Cette dépense doit faire l'objet d'un nouveau § à la nomenclature.

§ 7. — Menues dépenses et frais de parquet.

Cour d'assises d'Alger	250	»

Depuis le décret du 24 octobre 1870, établissant le jury en Algérie, il n'y a plus qu'une seule cour d'assises pour le département d'Alger. Le nombre des affaires portées devant cette cour va augmenter, au moins, de moitié. Le procureur général demande une augmentation de 50 fr. par an, représentant la moitié seulement de ce qui était alloué pour la cour d'assises de Blida.

Tribunaux de 1re instance	d'Alger	3.000	»
	de Blida.....	1.200	»
Tribunal de commerce d'Alger		500	»
Tribunal de simple police d'Alger		400	»
Total		5.350	»

§ 8. — Menues dépenses de justices de paix, 2,800 fr. : celles d'Alger à 300 fr. chacune ; celles de Blida, Dellys et Tizi-Ouzou à 200 fr. ; celles de Douéra, Boghari, Marengo, Ténès à 100 fr. ; les huit autres à 150 fr. chacune.

§ 9.— Dépenses des bureaux d'asssistance judiciaire, 225 fr.: Alger, 150 fr. ; Blida, 75 fr.

§ *à supprimer* :

Confection de registres et imprimés pour la justice musulmane.

Un crédit de 400 fr. était alloué aux budgets antérieurs à 1871. — L'année dernière on supprima cette allocation à la suite d'une dépêche du 13 avril 1870 par laquelle le Gouverneur général faisait connaître que les registres réglementaires des Mehakmas étaient fournis aux cadis par le Gouvernement général. Ce § doit donc disparaître de la nomenclature.

§ 10. — Entretien et renouvellement du mobilier des Mehakmas de cadis.......................... 250 »

§ 11. — Traitement du gardien de la geôle du cadi d'Alger.............................. 360 »

Je propose au Conseil de voter les sommes qui figurent à ces divers §§ et qui forment pour l'article 4 un total de 36,415 fr. représentant les crédits de l'exercice 1871 avec une légère augmentation de 150 fr. provenant des modifications de détail indiquées ci-dessus.

Vous apprendrez avec satisfaction qu'il est question de créer dans le département quatre nouvelles justices de paix qui auraient leur siége à Téniet-el-Hâad, à Duperré, à Fort-National et à Palestro. Je ne saurais vous présenter de propositions tant que ces tribunaux n'auront pas été institués, mais il est facile de prévoir l'augmentation de crédit qui en résultera.

Il faut, en effet, pourvoir : 1° aux traitements de quatre chaouchs à 600 fr.......................... 2.400 »

2° Aux menues dépenses à raison de 150 fr. environ pour chaque justice de paix........ 600 »

La dépense serait donc approximativement de.................................... 3.000 »

si ces quatre créations devaient se réaliser.

Art. 5. — *Casernement de la Gendarmerie*

§ 1er. — Eclairage des casernes et remplacement des drapeaux placés sur les bâtiments.

Caserne d'Alger....... .... 1.900 »

A reporter...... 1.900 »

Report	1.900 »
Casernes de : Affreville, Alma, Arba, Aumale, Beni-Aïcha, Berrouaghia, Birkadem, Blida, Boghari, Boufarick, Bou-Medfa, Bouzaréa, Cheragas, Cherchel, Dellys, Douéra, Duperré, El-Biar, Fondouck, Koléa, Kouba, Maison-Carrée, Marengo, Médéa, Miliana, Montenotte, Mustapha-Inférieur, Mustapha-Supérieur, Mouzaïaville, Orléansville, Saint-Eugène, Ténès, Teniet-el-Haâd, Dejlfa, Dra-el-Mizan, Fort-National, Laghouat, Palestro, Tablat, Tizi-Ouzou, soit 40 casernes à 30 fr. l'une, en moyenne.	1 200 »
Total	3.100 »

§ 2. — Loyers et frais de baux des casernes qui n'appartiennent pas au département.

Caserne d'Alger (bail de 6, 9 ans, du 29 novembre 1859, prorogé par convention du 5 décembre 1868..... 19.000

Le casernement d'Alger est coûteux et très défectueux. L'ancien conseil général s'est occupé pendant deux sessions des mesures à prendre pour arriver à une construction définitive.

Un rapport spécial vous fera connaître où en est ce projet.

En attendant, le casernement de la gendarmerie se trouve assuré, ainsi qu'il en a été rendu compte dans la session de 1869, par une convention conclue le 5 décembre 1868, avec le propriétaire ; aux termes de cette convention, l'immeuble actuel doit continuer à être occupé provisoirement par la gendarmerie, aux conditions du bail primitif du 29 novembre 1859, mais avec *cette réserve* que la durée de la nouvelle location cessera de plein droit à la volonté de l'une ou l'autre des parties, sur une simple dénonciation préalable, faite trois mois avant l'expiration de chacun des termes trimestriels.

D'après un projet d'extension du service de la gendarmerie dans le département, dont il sera parlé ci-après, l'effectif d'Alger serait augmenté d'une brigade à cheval, dont l'installation entraînera, nécessairement, un surcroît de dépenses, si on ne peut arriver à modifier les conditions de la location jusqu'au jour où la caserne projetée sera enfin construite.

Caserne de l'Alma (bail du 29 décembre 1866, pour 3, 6, 9 ans; échéances 31 janvier 1873-76) .... 1.200 »

Caserne de l'Arba (bail de 9 ans, du 14 juillet 1870; échéance 31 mai 1879) .... 3.000 »

Caserne de Blida (bail de 9 ans, du 25 mai 1864; échéance du 31 juillet 1874) .... 9.500 »

Le chef-lieu de la deuxième compagnie ayant été transféré par décision de M. le Ministre de la Guerre, de Blida à Miliana, ainsi qu'une des brigades à cheval, la caserne est devenue trop considérable pour l'effectif. — On a songé à résilier le bail, pour recourir à une location moins importante, mais le propriétaire s'est refusé à tout arrangement. J'ai fait alors, en vue d'utiliser les parties de la caserne qui dépassent les besoins des brigades maintenues à Blida, étudier une combinaison qui vous sera exposée dans un rapport spécial. — Il n'en faut pas moins, en tout état de cause, maintenir au budget, le crédit destiné à payer le loyer résultant du bail en cours.

Caserne de Birkadem (bail pour 3, 6, 9 ans, du 30 décembre 1866, échéances 31 octobre 1873-76) .... 1.400 »

Caserne de Boufarik (bail pour 3, 6, 9 ans, du 20 janvier 1863, échéance du 14 mars 1872) .... 3.000 »

La question de renouvellement du bail est à l'étude.

Je ferai ici la même observation que pour Alger : il s'agirait d'augmenter l'effectif de Boufarik d'une brigade à cheval.

Caserne de Bouzaréa (bail de 3, 6, 9 ans, du 15 avril 1864. Echéance du 26 novembre 1873)............ 1.000 »

Caserne de Cherchel (bail du 30 novembre 1862, pour 3, 6, 9 ans, Echéance du 30 novembre 1871) ... 2.000 »

On est en voie de renouveler le bail aux mêmes conditions.

Caserne de Chéragas (bail du 25 février 1867, pour 3, 6, 9 ans ; échéance du 30 avril 1873-76)....... 1.200 »

Caserne de Duperré (bail du 30 octobre 1865, pour 3 ans, prorogé sans fixation d'échéance, par convention du 30 mars 1869)............................. 1.412 50

Le remplacement de la brigade à pied par une brigade à cheval ayant été décidé, il a fallu chercher un local en rapport avec la nouvelle destination. Congé a été donné au propriétaire de l'ancien local, pour le 15 août 1872 et un projet de bail de la nouvelle caserne se trouve en ce moment soumis à la sanction ministérielle, pour le nouvel immeuble, sur le pied de 1.500 francs.

Il y aurait donc à prévoir ici, pour le premier bail, du 1er janvier au 15 avril....................... 350 »

Et pour le second, du 16 avril au 31 décembre. 1.062 50

Ensemble..... 1.412 50

Caserne d'El-Biar (bail du 12 juin 1867, pour 3, 6, 9 ans, échéances, 14 octobre 1873-76)............ 1.000 »

Caserne du Fondouck (bail du 14 novembre 1860, pour 9 ans, prorogé pour 3, 6, 9 ans par acte du 28 juillet 1869. Echéances, 30 septembre 1872, 75, 78........ 1.500 »

Caserne de Médéa (bail du 4 novembre 1865, pour 3, 6, 9 ans. Echéances 14 octobre 1874).......... 3.500 »

Caserne de Miliana (bail du 25 mai 1871, pour 3, 6, 9 ans. Echéances 30 juin 1874, 77, 80) .... 8.000 »

Le transfert à Miliana d'une des brigades à cheval de Blida et du siége de la 2e compagnie réclamait un accroissement de local et l'on a dû abandonner l'ancienne caserne dont le bail prenait fin le 30 juin 1871, pour louer un immeuble mieux en rapport avec les besoins du nouvel effectif. Il devait nécessairement en résulter une augmentation de dépense, car les loyers sont très chers à Miliana. Les combinaisons cherchées ont abouti au bail mentionné ci-dessus.

J'ai l'espoir de voir compenser cette augmentation par les avantages de la combinaison dont il est parlé à l'occasion du casernement de Blida.

Caserne de Montenotte (bail du 11 juin 1864 pour 3, 6, 9 ans, échéance 13 octobre 1873.............. 1.000 »

Caserne de Mouzaïaville (bail du 7 mai 1867 pour 9 ans. Echéance 31 décembre 1876). . ... 1.500 »

Caserne de Mustapha-Inférieur............ 1.400 »

Le bail actuel, au prix de 1,200 fr., prend fin le 31 décembre 1871 ; différentes appropriations d'une utilité incontestable en vue de l'assainissement et de l'isolement de la caserne ont été réclamées au propriétaire, qui se refuse à tous sacrifices.

L'Administration a donc dû rechercher un nouveau local, et, elle est en ce moment en pourparlers avec un autre propriétaire dont l'immeuble réalisera les avantages désirés ; mais il exige un prix de 1,400 fr. Il ne me paraît pas à y avoir à hésiter devant cette légère augmentation pour assurer à la caserne une installation plus satisfaisante, et je comprends cette somme dans mes propositions.

Caserne de Bou-Medfa (brigade transférée de l'oued El-

Hammam, pont de l'Oued Djer), bail du 5 août 1870, pour 3, 6, 9 ans, échéance, 30 septembre 1879.... 1.250 »

Depuis l'établissement du chemin de fer, la brigade installée à l'Oued El-Hammam (pont de l'Oued-Djer), n'était plus à son véritable siége et son transfert à Bou-Medfa fut décidé par le Ministre de la guerre. Le bail de la caserne de l'Oued El-Hammam a donc été résilié et remplacé par celui analysé ci-dessus.

La nouvelle location de Bou-Medfa réalise une économie de 750 fr. sur celle de l'Oued El-Hammam.

Caserne de Saint-Eugène (bail du 25 mai 1864, pour 3, 6, 9 ans, échéance, 30 septembre 1873)..... 1.000 »

Caserne de Téniet-el-Haâd (bail du 21 novembre 1863, pour 3, 6, 9 ans, échéance, 31 décembre 1872) 2.500 »

Caserne d'Affreville (bail du 18 août 1871, pour 3, 6, 9 ans, échéance, 15 septembre 1874, 1877, 1880) 1.200 »

Le Ministre de la guerre a décidé qu'un poste provisoire de gendarmerie serait installé à Affreville en attendant que cette localité, qui prend chaque jour plus d'importance, puisse être définitivement dotée d'une brigade. L'Administration a cherché, mais en vain, à louer un immeuble à courtes échéances, renouvelables ; elle ne pouvait obtenir, dans ces conditions, l'exécution des aménagements nécessaires. — Il a donc fallu consentir à passer un bail de 3, 6, 9 ans. Il est à croire, du reste, que le poste de gendarmerie, établi provisoirement à Affreville, y sera fixé définitivement. Cette localité est, en effet comprise dans le projet d'extension que j'ai déjà mentionné.

Caserne de Mustapha-Supérieur............. 1.800

En raison des nombreux vols qui se commettent dans les campagnes de Mustapha-Supérieur, l'administration a songé à installer une brigade à pied dans cette localité, et des démarches ont été faites pour trouver un immeuble convenable, dans les conditions d'une location à courte durée ; mais, ces tentatives n'ont point abouti. Les recherches qui se sont effectuées font penser qu'il sera difficile de trouver, dans ce quartier où la valeur locative des immeubles est très élevée, une installation satisfaisante à un prix moindre de 1,800 fr. et à une durée inférieure à celle de 3 ans renouvables.

Je propose au conseil d'inscrire au budget cette prévision de 1,800 fr. dont il ne serait fait usage d'ailleurs qu'autant que l'installation de la brigade serait définitivement admise par le Ministre de la guerre. Cette création est au surplus comprise au nombre de celles dont s'occupe le projet d'extension.

Caserne de Djelfa, (bail du 24 février 1870, pour 3, 6 ou 9 ans)................................ 1.200 »

Caserne de Palestro.................... 1.200 »

La caserne de Palestro, qui servait à une brigade à pied, a été incendiée lors de l'insurrection ; mais, elle sera reconstruite au moyen d'une indemnité allouée au propriétaire sur l'impôt de guerre et le bail qui liait l'administration devra revivre sur le nouvel immeuble.

J'ajouterai que le projet d'extension comporte le remplacement, sur ce point, de la brigade à pied par une brigade à cheval, ce qui exigerait un accroissement de local et, par suite, une augmentation du prix du bail.

Le total de ce § s'élèverait donc à........ 70.762 50

C'est une augmentation de 4,662 fr. 50 c. que je demande sur le crédit inscrit au budget de 1870.

Mais, je dois vous entretenir d'un projet qui peut nécessiter de nouveaux sacrifices de la part du département et auquel vos sympathies ne peuvent faire défaut.

L'autorité supérieure est dans l'intention d'augmenter, dans des proportions importantes, l'effectif de la gendarmerie du département, afin de multiplier les moyens de surveillance et de répression à l'égard des Indigènes.

D'après les combinaisons projetées, on placerait d'abord une brigade à cheval dans chacune des localités désignées pour devenir prochainement le siége d'une justice de paix, c'est-à-dire à *Palestro*, à *Fort-National* et à *Duperré*.

Des locations sont déjà prévues pour Duperré et pour Palestro ; il n'y a donc plus à s'en occuper qu'au point de vue d'une augmentation de local dans ce dernier centre.

Quant à Fort-National, il y existe un poste provisoire à transformer pour une brigade à cheval ; il y aurait également à loger une brigade à cheval aux Heumiz, où l'on sera sans doute obligé de construire un bâtiment spécial, attendu qu'il n'y a que peu d'habitations à cet endroit.

Cette première catégorie, qui comprend les projets les plus urgents, serait complétée par l'adjonction d'une brigade à cheval à Alger, ainsi qu'il a été dit au sujet des locations.

Les créations de seconde urgence, au nombre de six, porteraient sur les points suivants : *Mustapha-Supérieur*, pour lequel un bail est déjà prévu ; *Oued Fodha*, sur le parcours du chemin de fer, dans la plaine du Chéliff ; l'*Arba du Ddjendel*, entre Miliana et Médéa ; *Oued Massin*, sur la route de Miliana à Teniet-el-Hâad ; *Ameur-el-Aïn*, dans la Mitidja ; *Camp des Chênes*, au sortir des gorges de la Chiffa.

A ce second groupe appartient la transformation du poste provisoire d'Affreville en caserne définitive.

La troisième catégorie comprendrait, outre l'augmentation

d'une brigade à cheval dont il a été question au sujet de la caserne de Boufarik, les brigades à installer à *Sakamodi*, sur la route de l'Arba à Aumale ; à *Bordj-Bouira*, sur l'embranchement d'Aumale à la route d'Alger à Constantine ; à *Aïn-Moudjebeur*, route de Médéa à Boghar ; à *Beni-Mansour* ; à *Souk-el-Hdad*; à *Azib-Zamoun* et à *Bir-Rabalou*, district d'Aumale.

Je ne suis pas en mesure de vous indiquer les dépenses qui pourront résulter de ces créations, dont la plupart, au surplus, s'exécuteront au moyen des fonds à provenir des communes subdivisionnaires ; mais j'ai dû vous mettre au courant des dispositions par lesquelles l'administration compte assurer la sécurité des routes, afin que vous puissiez vous préparer à concourir aux voies et moyens qui devront successivement en assurer l'exécution.

Art. 6. — *Prisons civiles.*

§ 1. — Locations d'immeubles.

Maison d'arrêt de justice et de correction de Blida.

Locations à Blida de maisons mauresques appartenant à l'Etat, (bail du 19 juin 1869, 2, 6 ou 9 ans et 6 mois ; échéances 31 décembre 1871-73-75).....................	480	»
Bail du 16 juin 1869, 2, 6 ou 9 ans et 6 mois ; échéances 31 décembre 1871-73-75).	60	»
Timbre du mandat..................	»	20
Ensemble............	540	20
Annexe d'El-Afroun.		
(Bail du 16 janvier 1869, prix 5.000 fr. ; échéance indéterminée). Part du département.	2.000	»
Total..........	2.540	20

La maison d'arrêt de justice et de correction de Blida, se trouve depuis longtemps installée dans deux maisons mauresques louées au Génie à prix réduit, ainsi qu'il résulte des baux indiqués ci-dessus.

Cette installation pouvant à peine recevoir 80 prisonniers avait déjà été reconnue insuffisante.

Lorsque survinrent les épidémies dont l'Algérie a tant souffert en 1867 et 1868, non-seulement il fallût désencombrer les locaux par mesure d'hygiène, mais encore s'occuper de l'augmentation de l'effectif résultant des faits de la famine chez les Indigènes.

L'administration fut ainsi conduite à recourir à une combinaison qui put assurer au moins provisoirement l'installation d'une partie des condamnés de la Maison centrale de l'Harrach et de la maison d'arrêt de justice et de correction de Blida.

A cet effet, un bail fut passé le 16 janvier 1868 avec MM. Denizot et Boudon, entrepreneurs généraux des services économiques des prisons qui s'engagèrent :

1° A créer sur leur ferme de la Chiffa les bâtiments nécessaires pour recevoir le trop plein de la population de la Maison centrale de l'Harrach ;

2° A installer à El-Afroun un baraquement destiné à recevoir le surplus de l'effectif de la prison civile de Blida ;

3° Enfin à construire sur un terrain sis à Blida (*extra-muros*) une infirmerie devant recevoir les malades, tant de la prison de Blida que ceux à provenir des chantiers composés des détenus de la Maison centrale de l'Harrach.

Pour ces trois installations nouvelles il leur fut accordé un loyer annuel de 5.000 fr. qui fut réparti entre le budget de l'Etat et celui de la Province de la manière suivante : les 3/5 de la dépense, soit 3.000 fr. à la charge de l'Etat, comme prix de location des bâtiments de la Chiffa affectés aux détenus de la Maison centrale ; 2/5 c'est-à-dire 2,000 francs, à la charge du budget provincial, comme représentant le loyer de l'installation d'El-Affroun, considérée comme succursale de la maison d'arrêt de Blida.

L'effectif de cet établissement se trouve aujourd'hui réparti de façon à réserver les locaux de Blida aux individus en prévention et aux condamnés à très courtes peines.

Le surplus de la détention est installé dans le baraquement d'El-Affroun.

C'est donc, en résumé, une somme de 2,540 fr. 20 à prévoir pour la location des immeubles qui constituent la maison d'arrêt, de justice et de correction de Blida.

On peut reprocher à cette organisation, imposée par les circonstances, plusieurs inconvénients. Ainsi le baraquement ne présente pas toutes les garanties désirables contre les évasions et, d'autre part, cette division en deux quartiers si distants l'un de l'autre, nuit à la discipline du personnel administratif et permet difficilement l'unité de direction.

Comme je l'ai déjà indiqué à l'article précédent (Casernement de la gendarmerie) on pourrait remédier à cette situation en utilisant, pour créer une succursale de la prison, une partie des locaux de la caserne devenue disponible.

Cette combinaison fera l'objet d'un rapport spécial.

Maison de dépôt de Dellys (Bail du 11 décembre 1866, 3, 6, 9 ans, échéances 31 décembre 1872-75....... 360 »

La maison de dépôt de Dellys est aujourd'hui installée dans un immeuble en location qui est loin de répondre aux besoins du service, surtout depuis que l'instruction qui se poursuit contre les fauteurs et les principaux acteurs de l'insurrection, augmente le nombre des prévenus.

Ces conditions défectueuses vont disparaître par l'installation définitive de la maison de dépôt dans un immeuble séquestré sur le caïd Ali ou Kassi, chef de la révolte, et qui vient d'être mis à la disposition de l'administration civile pour recevoir cette affectation.

Il restera à aviser quant au bail qui lie la province avec Madame Lebreton, propriétaire de la maison de dépôt actuelle, lequel bail n'expire que le 31 décembre 1872, au moins pour son second ternaire.

La cessation de ce bail a été régulièrement notifiée à Madame Lebreton, pour cette époque et en même temps des ouvertures ont été faites auprès de son mandataire, en vue d'une résiliation anticipée. Les offres consistaient à évacuer la maison pour le 1ᵉʳ janvier 1872 en payant à la propriétaire, à titre d'indemnité, *six* mois de loyer. Celle-ci s'est refusée à tout arrangement.

Devant ce refus, il reste indispensable de maintenir le crédit représentant le prix de bail en cours jusqu'au 31 décembre 1872.

J'ai d'ailleurs donné des instructions pour sous-louer, s'il est possible, la maison Lebreton dès que le service aura pu être organisé dans le nouvel immeuble.

Maison de dépôt de Miliana (bail du 20 avril 1869; 3, 6 ou 9 ans, échéances: 31 mai 1872, 1875, 1878. 1.500 »

Maison de dépôt de Cherchel (part contributive du département dans le bail de la geôle municipale). 400 »

La geôle municipale de la commune de Cherchel est installée dans un immeuble loué par bail du 7 février 1863, à un sieur Nicolas, pour une durée de 9 ans, et moyennant un loyer annuel de 600 fr. Cherchel étant le siége d'une justice de paix, la geôle locale reçoit des prévenus qui y séjournent pendant un temps assez considérable ; cette geôle affecte ainsi le caractère d'une maison de dépôt. Le département doit donc, à ce titre, tenir compte à la commune d'une part notable du prix de location. Cette part a été fixée aux 2/3 du prix, soit 400 fr., par décision préfectorale du 4 septembre 1862; elle est soldée à la commune par voie de subvention, puisque c'est la commune qui est titulaire du bail. Je vous propose de maintenir le crédit prévu pour cet objet sur les budgets précédents.

Art. 7. — *Dépenses diverses.*

§ 1er. — Frais de tenue du Conseil général.... 1.800 »

Les frais de tenue du Conseil général consistent ;

1° En fournitures complètes d'articles de bureau déposés devant chacun des membres de l'assemblée ; dépense annuelle évaluée, en moyenne, à.............. 200 »

2° En rafraîchissements, etc., moyenne de.... 200 »

3° En travaux d'autographie pour la préparation des projets de budget distribués aux membres du Conseil, moyenne de...................... 100 »

4° En gratifications aux huissiers mis à la disposition du Conseil......................... 100 »

Ensemble.... .... 600 »

La somme de 600 fr., annuellement accordée à ce titre par

les budgets antérieurs, était donc suffisante ; mais il faut aujourd'hui calculer de nouveaux frais en vue de l'application de la nouvelle loi du 10 août 1871, sur l'organisation des Conseils généraux.

Aux termes de cette loi, ces assemblées ont, chaque année, deux sessions ordinaires qui peuvent durer, la première un mois, la seconde quinze jours. Il est donc nécessaire d'augmenter en conséquence des frais qui, antérieurement, ne s'appliquaient qu'à une période de dix jours, notamment l'article rafraîchissements et le luminaire, qui s'était jusqu'à présent, en raison de son peu d'importance, payé sur l'ensemble. J'estime à 1.200 fr. le supplément à prévoir, ce qui élèverait le crédit à 1.800 fr.

Tout en portant cette somme à titre de prévision, je dois appeler votre attention sur les autres dispositions que nécessitera le fonctionnement de la Commission départementale. Je m'abstiendrai, toutefois, d'indiquer des évaluations à cet égard ; il vous appartient de régler ces détails selon vos seules convenances.

§ 2. — Frais de tenue de la Chambre consultative d'agriculture........................ 1.000 »

Le crédit affecté à la tenue de la Chambre consultative d'agriculture et inscrit au chapitre des dépenses obligatoires était à l'origine fixé à 1.500 fr. On l'a ramené au chiffre rigoureusement suffisant pour couvrir les dépenses qui consistent en frais d'expédition et d'impression de procès-verbaux des délibérations, en fournitures de bureaux, etc...

§ 3. — Frais de tenue du Conseil d'hygiène publique.................................... 500 »

Ce crédit est destiné à couvrir les frais de bureau et autres que nécessite la tenue du Conseil d'hygiène publique. Il me paraît indispensable de conserver le chiffre précédemment alloué.

§ 4. — Exposition générale des produits de l'agriculture et de l'industrie.

Ainsi qu'il a été expliqué à la section des recettes, un arrêté de M. le Gouverneur général, en date de 1865, a supprimé les expositions annuelles des produits de l'agriculture et de l'industrie.

Cette disposition porte que les expositions dont il s'agit, seront ouvertes, à l'avenir, suivant les besoins et d'après des arrêtés spéciaux.

Rien ne faisant prévoir l'opportunité particulière de préparer une exhibition de cette nature, en 1872, et les ressources budgétaires étant d'ailleurs très limitées, il n'a été prévu aucune dépense pour cet objet.

§ 5. — Frais de bureau de l'inspecteur de l'Académie.. 500 »

§ 6. — Frais d'établissement des tables décennales de l'état civil.. » »

Les dernières tables ont été établies en 1863, il n'y a donc rien à prévoir pour 1872.

§ 7. — Frais de poursuites et de procédure, pour contravention en matière de roulage sur les routes départementales.. 180 »

J'ai fait connaître, à la partie des recettes, l'origine du produit des amendes prononcées pour contraventions à la police du roulage.

Le crédit dont je demande l'inscription au budget de l'exercice 1872, a pour but de subvenir aux dépenses qu'entraînent les poursuites exercées en cas de non paiement, ainsi qu'à celles provenant de frais de procédure et d'expertise, par suite de contestations.

Cette dépense étant très éventuelle, je propose d'inscrire comme les années précédentes, une somme de 150 »

§ 8. — Service de la vaccination.

Indemnité au directeur du service pour frais de bureau, etc. 300

Médailles d'honneur aux vaccinateurs......... »

Indemnités aux vaccinateurs pour propagation (0,50 c. par vaccination réussie)................ 1.200

Total................ 1.500

§ 9. — Mesures contre les épidémies.

Même crédit qu'en 1870...................... 1 000

§ 10. — Mesures contre les épizooties.... 300

Le crédit voté à ce titre a, depuis plusieurs années, été l'objet de réductions importantes, dictées par la nécessité de restreindre les dépenses. Il était, en 1865, de 1,100 fr. Réduit qu'il est aujourd'hui à 300 fr., il ne peut évidemment avoir d'autre destination que de servir à solder les frais de tournées qui peuvent éventuellement être confiées à un vétérinaire, lorsque des cas de maladies épidémiques sont signalés sur un point du département. Même, à ce point de vue, il est évidemment insuffisant, et il me paraîtrait opportun d'inscrire au budget une somme représentant le traitement d'un praticien, sur lequel on pourrait compter d'une manière permanente, et qui, par des tournées périodiques, pourrait aider les colons de ses conseils et éviter souvent l'apparition de la maladie en veillant à l'exécution des prescriptions sur l'hygiène du bétail.

Tout en maintenant éventuellement le chiffre de l'année précédente, je propose donc au conseil d'examiner s'il n'y aurait pas lieu d'élever ce chiffre à la somme de 1,500 fr. qui constituerait le traitement d'un vétérinaire départemental.

§ 11. — Chauffage et éclairage des corps-de-garde des établissements départementaux. .... » »

Il n'y a rien à prévoir à ce titre. Les maisons d'arrêt de police et de correction sont les seuls établissements départementaux qui soient pourvus de corps-de-garde, et les dépenses de chauffage et d'éclairage sont mises à la charge des entrepreneurs généraux des services économiques de ces établissements.

§ 12. — Impressions à la charge du département. 2.500 »

La loi du 7 et 14 août 1850, relative à l'imputation des dépenses auxquelles donne lieu l'exécution des diverses lois électorales met à la charge des départements :

1° Les frais d'impression et de publication des listes d'électeurs pour les juges des tribunaux de commerce ;

2° Les frais d'impression des cadres pour la formation des listes électorales et du jury ;

3° Les cartes d'électeurs.

Les dépenses de l'espèce doivent, d'après le même texte, prendre place dans l'art. 12 de la loi du 10 mai 1838, avec les frais d'impression des budgets et comptes de recettes et dépenses du département.

Jusqu'ici l'Algérie ne possédait pas l'institution du jury et n'était qu'accidentellement appelée au scrutin; aussi l'allocation inscrite à ce paragraphe était-elle suffisante ; mais aujourd'hui il y a lieu de prévoir un notable surcroît de dépenses.

Le détail ci-après mettra le Conseil à même d'en apprécier l'importance.

1° Impression du budget et du compte administratif, moyenne annuelle............	1 100 »
Le budget et le compte se tirent chacun à 150 exemplaires, destinés aux ministères et aux divers services qui ont intérêt à consulter ces documents.	
Il faut y joindre les formules servant à l'établissement des projets de budget à distribuer aux membres du Conseil général.	
2° Impression et publication des listes pour les élections du Tribunal de commerce : affiches, 50 ; impression de listes, 200 ; soit :	250 »
Aux termes du décret du 17 octobre 1870, les listes à publier doivent comprendre la totalité des patentables du département.	
3° Cadres pour la formation des listes du jury..................................	45 »
4° Cadres pour la formation des listes électorales..................................	55 »
5° Cartes d'électeurs, 30,000 cartes à 15 fr. le mille, en prévision d'une convocation d'électeurs dans le courant de l'année......	450 »
Ensemble.............	1 000 »

Si à ce total, on ajoute la dépense des formules de procès-verbaux de vote envoyées à chaque bureau électoral, ainsi que celle de l'impression des affiches destinées à convoquer les électeurs et à publier les actes du Gouvernement qui doivent être portés d'urgence à la connaissance des populations, dépense qui, d'après les moyennes ordinaires, peut être évaluée à 300 fr., on arrive au chiffre de 2,200 fr., soit avec la somme de 300 fr., qui figurait au précédent budget pour les besoins du territoire, dit territoire militaire, un total de 2,500.

J'ai, en conséquence, l'honneur de vous proposer d'élever à la somme de 2,500 fr. l'allocation à inscrire pour 1872, au présent paragraphe.

§ 13. — Locaux et imprimés pour l'administration et la comptabilité des Sociétés de secours mutuels, en cas d'insuffisance des ressources communales.... » »

Jusqu'à présent le concours du département dans ces dépenses n'a été réclamé par aucune commune.

§ 14. — Frais d'inspection des officines de pharmaciens, des herboristeries, des drogueries, etc....... 2.000 »

Cette dépense est couverte par les taxes qu'ont à payer les officines soumises à la visite, et dont le montant figure à 1a section des recettes.

C'est un crédit d'ordre.

§ 15. — Frais de vente de mobilier hors de service et de papiers de rebut .... 300 »

Je ne puis que proposer le maintien du crédit des années précédentes.

§ 16. — Frais de missions administratives... 3.500 »

Ce fonds est d'une utilité incontestable. Il permet à l'autorité préfectorale de confier à des fonctionnaires départementaux le soin d'aller régler en son nom où étudier sur place des questions urgentes. Grâce à cette ressource, bien des difficultés ont été levées à la suite de la constitution des nouvelles communes érigées à la fin de 1870 et au moment où le voisinage de l'insurrection exigeait la présence simultanée de l'autorité sur plusieurs points à la fois. Si le chef du département n'avait pas ce crédit à sa disposition, il lui serait impossible de faire procéder à ces enquêtes qui facilitent considérablement la solution d'importantes affaires.

Les projets qui se préparent pour l'extension des territoires ajouteront encore à la nécessité de cette allocation qui était de 6.000 en 1869, mais que la pénurie du budget a fait réduire depuis, à 3.500 fr. J'ai l'espoir que vous maintiendrez, au moins, ce dernier chiffre au budget de 1872.

Chapitre III.

ASSISTANCE PUBLIQUE.

ART. 1er. —*Dépenses générales d'assistance et hospices.*

§ 1er. — Dépenses générales d'assistance. — Inspecteur départemental des établissements de bienfaisance. — Traitement et frais de tournée.. .... 3.600 »

L'institution de l'inspection départementale des établissements de bienfaisance qui fonctionne depuis longtemps dans la plupart des départements de la métropole (voir circulaire du Ministre de l'Intérieur du 12 mars 1839), avait déjà sa raison d'être en Algérie plus encore qu'en France, vu le caractère départemental des hôpitaux et hospices.

Si, comme il m'est permis de le supposer, vous admettez ces importantes réformes que je soumets à votre examen pour l'organisation de l'assistance publique, la nécessité de cette institution s'imposera comme une conséquence inévitable du nouveau système. L'administration aura, en effet, besoin du concours permanent d'un agent spécial pour assurer le nouveau fonctionnement des hôpitaux et hospices après qu'ils auront été constitués sur les bases adoptées dans la métropole et surtout pour exercer sur le service des enfants trouvés, disséminés désormais de préférence dans les familles, une surveillance qui rentre spécialement dans les attributions de l'inspecteur départemental.

Il n'est pas possible de compter, pour des soins aussi multiples et aussi constants, sur le concours de l'inspecteur général de l'Algérie.

Ce fonctionnaire, qui a une mission plus générale à remplir, relève d'ailleurs de l'administration centrale, et le Préfet ne peut recourir à son intervention sans s'y être fait autoriser, chaque fois, par l'autorité supérieure.

Par ces considérations, j'ai cru devoir faire figurer dans les prévisions de dépenses afférentes au service général de l'assistance, une allocation de 3.600 fr., que je vous demanderai de voter. Sur cette somme le traitement normal figure pour 3.000 fr. Ce n'est certes pas un chiffre trop élevé pour rémunérer un fonctionnaire investi d'un contrôle important ; le surplus est destiné à le couvrir de ses frais de tournées, qui ne laissent pas que d'être dispendieux, en raison de l'étendue du département.

Prêtres lazaristes chargés de la direction des sœurs de Saint-Vincent-de-Paul, attachées aux différents établissements de bienfaisance, conformément au traité du 27 juillet 1842.. 3.400 »

Même crédit que précédemment.

§ 2. — Personnel médical et administratif des hospices.

Hôpital d'Alger.

Un économe..........................	3.000 »
Trois commis d'administration (un à 2,100 fr., un à 1,800 fr., un à 1,600 fr.).	5.500 »
Un médecin	1.800 »
Un médecin en second..............	1.500 »
Deux médecins adjoints à 1,500 fr....	3.000 »
Deux chirurgiens à 1,500 fr...........	3.000 »
Un pharmacien.	1.900 »
Quatorze internes, cinq de 1re classe à 1,200 fr., et neuf de 2e classe à 1,000 fr.	15.000 »
Un aumônier	1.800 »
Vingt-quatre sœurs de charité à 200 fr.	4.800 »
Un portier	600 »
Douze gens de service à 360 fr., plus un garçon de magasin, un garçon de dépenses et un garçon de pharmacie à 600 fr. chacun	6.120 »
Vingt-six infirmiers (1 par 20 malades), à 360 fr.........	9.360 »
Indemnité au secrétaire de la commission administrative...	200 »
Cours d'accouchement { traitement du professeur........	1.200 »
Cours d'accouchement { indemnité à l'élève de clinique... .	400 »
Total.............	59.180 »

Je ne demande pas d'augmenter le crédit de cet article; mais je propose une modification sur deux des sommes qui le composent. Il s'agit de porter de 1,500 fr. à 1,900 fr. le traitement du pharmacien et de réduire par contre de 600 fr.

à 200 fr. l'indemnité attribuée au Secrétaire adjoint de la Commission administrative.

Le pharmacien actuel a été nommé au mois d'avril 1870, en remplacement du précédent pharmacien en chef, d'un âge avancé, qui avait laissé un certain désordre s'introduire dans les écritures et dans le service.

Le nouveau titulaire se vit provisoirement attribuer un simple traitement de 1,500 fr., mais avec promesse que ses émoluments seraient prochainement augmentés, s'il savait remettre le service sur un meilleur pied.

Grâce à d'utiles réformes dues à son initiative, des économies appréciables ont été réalisées sur la dépense journalière des médicaments. Le moment paraît donc venu de réaliser les engagements pris vis-à-vis de lui.

Quant à la réduction de l'indemnité attribuée au secrétaire adjoint de la commission administrative, elle se motive de la façon suivante :

Lorsque la commission administrative avait ses archives à la Mairie d'Alger, une indemnité de 600 fr. n'était pas trop élevée, parce qu'un employé de la municipalité était obligé de consacrer une grande partie de son temps à ce service. D'un autre côté, cette organisation n'était pas favorable à une prompte expédition des affaires qui, après avoir été préparées à l'hôpital, devaient subir un premier examen à la Mairie avant de parvenir à la Préfecture.

Mais aujourd'hui que, par suite de l'érection de la section de Mustapha en commune de plein exercice, le Maire de cette commune est devenu président de la commission administrative, il y a avantage à revenir à l'application des règlements qui veulent que les délibérations de la commission aient lieu dans l'hôpital où doivent se trouver les archives et se préparer la correspondance adressée au Préfet. Dans ces conditions, un des employés de l'hôpital pourra être chargé des fonctions de secrétaire adjoint de la commission, moyennant une légère indemnité qui peut être réduite à 200 fr.

Hôpital de Douéra.

Un économe	2.400	»
Deux commis d'administration à 1.500 fr.	3.000	»
Un médecin	2 400	»
Un chirurgien	2.400	»
Un pharmacien	2.400	»
Quatre internes à 1.200 fr.	4.800	»
Six sœurs de charité à 200 fr.	1.200	»
Indemnité à l'aumônier	600	»
Un infirmier major	1.000	»
Cinq gens de service à 360 fr.	1.800	»
Un portier	500	»
Dix infirmiers à 360 fr.	3.600	»
Total	26.100	»

L'ancien commis d'administration de première classe ayant été obligé de se retirer, par suite d'infirmités, il a été remplacé par un commis de 2e classe ; et la différence du traitement a pu permettre d'attribuer, sans surcroît de dépenses, à l'infirmier-major une augmentation d'émoluments, augmentation que méritaient ses anciens et utiles services.

Asile départemental des infirmes et vieillards à Douéra.

Indemnité à l'économe de l'hôpital, chargé de la direction de l'asile	600 »
Deux sœurs de charité à 200 fr.	400 »
Trois infirmiers à 360 fr.	1.080 »
Total	2.080 »

Même crédit que pour 1871.

Infirmerie de Marengo.

Un médecin	2.400 »
Une sœur de charité	1.000 »
Total	3.400 »

§ 3. — Nourriture, traitement et entretien des malades.

Hôpital de Mustapha.

Moyenne de 536 malades à 1 fr. 20	235.000 »

Hôpital de Douéra.

Moyenne de 212 malades, à 1 fr. 16	90.000 »

Asile de Douéra.

100 vieillards ou infirmes, à 30 fr. par mois	36.000 «

Hôpital de Marengo.

Moyenne de 80 malades, à 1 fr. 40	41.000 »
Total	402.000 »

Les dépenses des cinq dernières années dans les hôpitaux de Mustapha, Douéra et Marengo, se sont élevées à

	MUSTAPHA	DOUÉRA	MARENGO
Années 1866	207.685 27	82.267 64	36.337 »
— 67	207.867 37	93.496 80	40.743 75
— 68	294.853 24	105.251 03	55.095 50
— 69	280.289 37	104.435 53	49.712 10
— 70	254.543 67	95.807 19	41.281 50
Totaux...	1.245.238 92	481.258 70	223.169 85

Ce qui donne une moyenne annuelle de 249,000 fr. pour Mustapha; 96,000 fr. pour Douéra; 44,600 fr. pour Marengo.

Mais il y a lieu de considérer que les années 1868 et 1869 ont fourni un contingent tout-à-fait anormal de malades, en raison du typhus et de la famine qui ont sévi parmi la population musulmane. En écartant ces deux années, la moyenne vraie serait de

Mustapha	Douéra	Marengo
210.000 fr.	90.000 fr.	41.000 fr.

Dans les chiffres ci-dessus ne sont pas comprises les dépenses des filles soumises qui, depuis 1869, époque où le dispensaire de la ville d'Alger a été supprimé, sont traitées au compte de la commune dans un quartier spécial de l'hôpital de Mustapha.

Le budget départemental faisant l'avance des frais du traitement, sauf remboursement ultérieur, il y a lieu de prévoir un crédit supplémentaire de 25,000 fr. pour cet objet, ce qui porte à 235,000 fr. l'allocation destinée aux dépenses des malades traités à l'hôpital de Mustapha.

C'est d'après ces données qu'ont été calculées les prévisions que j'ai l'honneur de vous proposer de voter pour les deux premiers établissements.

Pour ce qui est de l'hôpital de Marengo, la commission administrative de cette localité, à l'aperçu des comptes de gestion de la sœur directrice, a constaté que la situation financière était critique, et a formulé le vœu que le prix de journée de malade, aujourd'hui fixé à 1 fr. 40 pour les adultes, et à 70 c. pour les enfants, fût élevé à 1 fr. 55 et 75 c.

Je dois rappeler tout d'abord que le prix actuel de journée de malade a été fixé par un traité, pour une période de 3 ans, soit du 1er janvier 1870 au 31 décembre 1872, sur la proposition même des sœurs de St-Vincent-de-Paul.

La réduction qu'il présentait sur le prix antérieur a été l'une des considérations qui ont déterminé le conseil général et l'administration à ajourner l'organisation du service de l'économat dans l'hôpital de Marengo, et à laisser aux sœurs la gestion de cet établissement.

Outre le prix de journée payé par chaque malade, les sœurs perçoivent le loyer de la ferme comprise dans la dotation immobilière de l'hôpital.

Elles disposent encore de vignes et de terrains de culture qui sont situés près de l'établissement, et qui leur permettent de se procurer à peu de frais, une partie des légumes et autres produits nécessaires pour l'alimentation.

Enfin, elles tiennent dans l'intérieur de l'hôpital un pensionnat qui doit nécessairement augmenter leurs ressources.

La demande de la commission administrative à défaut de

comptes qui n'ont pas été produits, ne me paraît donc pas suffisamment justifiée.

La situation précaire du budget départemental impose d'ailleurs l'obligation de ne sacrifier aucun des droits du département.

Le Conseil général est saisi, par un rapport spécial, d'un projet général sur l'organisation des hôpitaux et hospices, et tendant à laisser à la charge des communes les frais de traitement des malades moyennant la restitution du 1/5 de l'octroi de mer, et à constituer ces établissements d'après les prescriptions du décret du 13 juillet 1849.

La décision qui sera prise à cet égard s'appliquera naturellement à l'hôpital de Marengo, dont le régime sera alors complètement modifié.

J'estime donc qu'il y aurait lieu, pour cette année, de s'en tenir à l'exécution pure et simple du traité actuel dont les bases ont été proposées par les sœurs elles-mêmes; et, par suite, j'ai reproduit le chiffre de 1870 dans mes propositions pour 1872.

Il vous sera néanmoins donné communication des délibérations de la commission administrative afin que vous décidiez en connaissance de cause.

§ 4. — Achat et renouvellement du matériel.

Hôpital de Mustapha	20.000	»
— de Douéra	5,000	»
Cours d'accouchement	200	»
Total	25.200	»

La commission administrative de l'hôpital de Mustapha a signalé en termes énergiques l'insuffisance du mobilier et surtout de la lingerie qui s'épuise de jour en jour faute de pouvoir être renouvelée :

« Pour mettre les ressources au niveau des besoins, dit » cette commission, une allocation de 20,000 fr. serait né- » cessaire. Il est pénible et douloureux de voir nos malades » rêvêtus de chemises en lambeaux qu'il n'est plus possible » de raccommoder, et couchés dans des draps qui chaque » fois qu'ils vont à la lessive, tombent en morceaux et sont » encore humides quand on les remet en service. »

Le crédit de 10,000 fr. qui figure au budget depuis quelque temps est effectivement hors de proportion avec les nécessités d'un hôpital qui compte jusqu'à 800 malades à certaines époques de l'année.

Le crédit alloué pour le matériel de l'hôpital de Mustapha était autrefois de 20,000 fr. Cette allocation fut d'abord ramenée à 15,000 fr., puis réduite à 10.000 fr., par suite de la situation embarrassée du budget. On ne saurait la maintenir plus longtemps à ce chiffre sans tomber dans les inconvénients les plus sérieux.

La commission administrative avait vivement insisté pour être autorisée à dépenser, en 1871, 20,000 fr. à l'achat d'objets signalés, les uns comme urgents, les autres comme indispensables.

Il a été procédé à l'adjudication de la fourniture des objets dont l'urgence était reconnue, au moyen du crédit porté au budget courant. Quant aux autres, j'avais sollicité de M. le Gouverneur général une subvention sur le fonds commun pour en faire l'acquisition. L'épuisement de ce fonds ne lui a pas permis d'accueillir ma demande.

En l'état, je ne puis que me faire l'interprète des réels besoins signalés par la commission administrative et insister tout particulièrement pour que vous rétablissiez le crédit primitif de 20,000 fr.

§ 5 — Transport des malades et frais divers.. 1.000 »

Ce crédit est destiné à solder les frais de transport à l'hôpital des individus frappés par un accident en dehors de la commune à laquelle ils appartiennent et dont l'identité ne peut être reconnue. Je ne puis que proposer le maintien de l'allocation qui a toujours figuré à ce titre.

§ 6. — Remboursement des journées des malades civils traités dans les hôpitaux militaires du département. 229.100

Les dépenses des cinq dernières années dans les hôpitaux militaires de la province ont donné les résultats ci-après :

Années.	Territoire civil.	Territoire militaire.
1866....	149.315 43	51.958 80
1867....	170.890 50	41.002 25
1868....	226.054 60	88.131 81
1869....	191.087 53	53.124 58
1870....	194.001 26	34.215 25
Totaux...	931.349 32	299.332 69
Ce qui donne une moyenne annuelle de..............	186.200 »	59.800 »

Je ferai ici la même remarque que pour les hôpitaux civils, bien que les chiffres ne se présentent pas d'une façon aussi tranchée, c'est que les résultats de 1868 et 1869, doivent être écartés comme se rapportant à des années exceptionnelles. La moyenne à adopter se rapprochant ainsi davantage de la réalité, donnera 176.300 fr. pour les hôpitaux militaires, du territoire départemental et pour ceux du reste de la province, 52.800 fr. ; soit, ensemble, 229.100 fr.

Quelqu'élevé que paraisse encore ce chiffre, je vous propose de l'adopter en considérant la progression continue du mouvement de ces hôpitaux depuis 1866, progression qui, par parenthèse, doit être attribuée à l'habitude que les indigènes prennent de nos établissements hospitaliers, pour lesquels ils avaient autrefois tant de répugnance.

Art. 2. — *Orphelinats.*

§ 1. Orphelinat de garçons à Boufarik.

Enfants entretenus dans cet établissement, aux conditions du traité du 17 septembre 1851 .... 4.218,70

Le traité passé le 17 septembre 1851, avec MM. les abbés Reynaud et Brumault, pour une période de 20 années devant expirer le 31 octobre 1871, mon prédécesseur s'était préparé à proposer au Conseil de ne pas le renouveler et d'aviser, par un ensemble de combinaisons, à la dispersion des enfants renfermés dans cet établissement, qui, d'après ses vues, devait cesser d'exister. — La session de 1870 n'ayant pas eu lieu, j'ai dû recourir à une mesure transitoire jusqu'à ce que vous ayez pu vous prononcer sur cette importante affaire.

Il a été convenu avec M. le Directeur de l'orphelinat, par lettres datées des 22 et 28 septembre dernier, jointes au dossier que l'effet du traité serait prorogé jusqu'au 31 mars 1872, sous cette réserve que l'administration aurait la faculté de disposer de deux à trois orphelins par mois.

Les combinaisons dont il s'agit consistent à placer désormais les enfants dans les familles et à confier aux sœurs qui dirigent l'Orphelinat des filles de Mustapha-Supérieur, ceux des enfants âgés de moins de 10 ans qui ne pourraient pas être placés au dehors.

Tous les philanthropes qui se sont occupés de la question des enfants assistés ont été unanimes à reconnaître qu'il convenait tant dans l'intérêt de l'administration que dans celui des enfants de placer ceux-ci dans les familles, c'est, du reste, l'avis de la commission d'enquête faite en 1860 dans la métropole ; c'est l'avis même du Père Brumault, dont l'opinion emprunte une autorité toute particulière à son titre d'ancien fondateur de l'orphelinat de Boufarik. — Dans sa déposition, le Père Brumault s'exprimait en ces termes :

« Destinés par leur condition à gagner littéralement leur » pain à la sueur de leur front, ils n'apprennent pas assez » chez nous à porter le poids du jour. La sollicitude du pain » quotidien et le ressort d'esprit qui en résulte, manquent » trop au développement de leur énergie, dans une institu- » tion où la charité paternelle tient plus de place que l'intérêt » propre. — Trop peu de liberté, pas assez d'initiative per- » sonnelle, voilà les obstacles que rencontrent nos jeunes » élèves dans notre organisation actuelle. »

En Algérie où la main d'œuvre fait quelquefois défaut, le concours des enfants âgés de plus de 12 ans, serait utilement employé pour les travaux agricoles et autres.

Déjà mes prédécesseurs s'étaient occupés du placement des enfants dans les familles, et particulièrement dans celles d'agriculteurs, mais il leur a été impossible d'arriver à une organisation sérieuse, le département se trouvant lié par des traités avec les Pères. Aujourd'hui que ce traité disparait, ces difficultés n'existent plus.

Les résultats déjà obtenus, permettent à l'administration de compter qu'elle arrivera facilement à placer les enfants chez les colons.

Depuis le 1er janvier 1870, il y a eu 118 placements de cette catégorie : soit 22 sans indemnités et 96 avec indemnités mensuelles, dont le montant a été imputé sur l'ensemble de l'article 2 (Orphelinats).

En outre, l'administration est saisie d'un projet présenté par M. Gros fils, gérant d'une fabrique d'essences de fleurs à Boufarik, en vue d'employer dans son établissement 60 à 80 enfants, qu'il se chargerait d'entretenir.

Ce projet fait l'objet d'un rapport spécial qui vous sera soumis.

Quant aux enfants (garçons) qui ne comptent pas encore dix ans, je me suis assuré qu'ils pourront être facilement reçus à Mustapha, où déjà les enfants trouvés, versés par l'établissement de la Miséricorde, lorsqu'ils sortent du sevrage, sont entretenus par les sœurs jusqu'à six ans, âge où les garçons passaient à l'orphelinat de Boufarik. — Il pourra à la vérité arriver que quelques enfants ne trouveront pas à être immédiatement placés dans une famille ou que par exception, quelques-uns pour cause d'infirmité ou tout autre, seront d'un placement impossible : pour ces cas exceptionnels l'administration aurait recours aux orphelinats de Mgr l'Archevêque, ou à l'établissement de St-Michel, moyennant des prix débattus, mais qui ne dépasseraient évidemment pas ceux que l'on est obligé de payer aux familles pour les enfants placés qui ne sont pas à même de compenser leur entretien par le produit de leur travail.

Par application du système dont je parlais plus haut, sur 71 enfants qui existaient encore à Boufarik au milieu de l'année courante, dix, âgés de moins de dix ans, ont été placés à Mustapha, moyennant une subvention de 180 fr. par an et par enfant, soit un total de 1800 fr. Cette somme sera portée plus loin sous la rubrique de l'Orphelinat de Mustapha.

Il ne nous reste donc aujourd'hui à Boufarik que 61 enfants à entretenir pendant 3 mois, au titre de l'exercice 1872, aux conditions actuelles du traité, soit, d'après une moyenne de 0,76 par jour et par enfant, une dépense de 4.218 fr. 76. C'est la somme qui figure en regard du § 1er ci-dessus.

Après le 31 mars 1872 ces mêmes 61 enfants seraient placés en apprentissage dans les familles moyennant une indemnité évaluée à 10 fr. par mois et par enfant. — La dépense à prévoir qui s'élèvera à 5.490 fr. pour les 9 derniers mois de l'année 1872, n'a plus à figurer à ce titre ; vous la retrouverez plus loin à un § spécial sous l'intitulé :

Frais d'entretien des enfants placés dans les familles.

Il n'est pas sans intérêt d'analyser ici les économies de ce nouveau système.

Les 71 enfants qui existaient à Boufarik auraient coûté, en 1872, sur le pied de 0,76 c. 19,591 fr. 75. D'après le système que je vous propose, la dépense de ces mêmes enfants se trouvera réduite à 11,508 76, savoir : pour les dix enfants dès à présent versés à l'orphelinat de Mustapha, 1,800 fr ; pour les 61 qui continueront à être entretenus à Boufarik jusqu'au 31 mars 1872, 4,218 76 ; pour ces mêmes, 61 enfants placés dans les familles pendant les 9 derniers mois de l'année 1872, 5,490 fr., total 11,508 76; c'est donc une différence de 8,082 fr. 99.

Je vous propose donc de voter au § 1er de l'article 2 la somme de 4,218 fr. 76 pour frais d'entretien des enfants placés à Boufarik pendant les mois de janvier, février et mars 1872.

§ 2. — Orphelinat de Mustapha (filles).

Frais d'entretien des enfants placés dans cet établissement,

à raison de 180 francs, par an.............	36.240	»
18 sœurs à 500 francs l'une...............	9 000	»
1 aumonier à 1,800 francs...............	1.800	»
Indemnité au médecin.................	1 200	»
Remboursement de médicaments fournis à l'orphelinat........................	800	»
Total........	49.040	»

Au 1er janvier 1870, il existait à l'Orphelinat de Mustapha, 197 enfants dont 160 filles et 37 garçons, qui à raison de 0,50 c. par jour, occasionnaient une dépense annuelle de 35.460 fr. — Aujourd'hui le chiffre des enfants est réduit à 178, qui coûtent 32.040 francs, soit une différence en moins, de 19 enfants et de 3.420 fr. — Cette diminution provient de ce que l'administration s'attache de plus en plus à réaliser le système du placement dans les familles.

Le chiffre actuel de 178 enfants, doit être augmenté des 10 garçons transférés de Boufarik, et dont il a été question au § précédent, ce qui porte le total des enfants actuellement entretenus à l'Orphelinat de Mustapha à 188, et celui des dépenses à 33.840 fr.

En ajoutant les 2.400 fr. qui figuraient dans le dernier budget au titre de crédit général du territoire dit militaire, le total du crédit se trouvera porté à 36.240 fr., somme que j'ai l'honneur de vous proposer de voter.

Si je me borne à demander ce crédit, sans prévoir dans mes calculs les nouvelles entrées qui auront lieu dans le cours de l'année, c'est que je compte voir ces entrées correspondre à un nombre équivalent de sorties, au moyen de placements dans les familles.

Les crédits du personnel et des médicaments sont justifiés

par les nécessités du service, et je ne puis que vous prier de maintenir les allocations des années précédentes.

Je ne dois pas terminer sans mentionner qu'il n'existe point de traité pour l'entretien des jeunes filles à Mustapha. — On se borne pour chaque nouvelle admission, à prendre une décision individuelle.

La question du traité fera l'objet d'un rapport spécial.

§ 3. — Orphelinat de Dély-Ibrahim :

Frais d'entretien des enfants .... 4.100 »

à raison de 21 fr. pour les garçons et 15 fr. pour les filles.

Il y a à l'orphelinat de Dély-Ibrahim 16 enfants qui occasionnent une dépense de 3,420 fr. ; mais, en raison des nouvelles admissions à prévoir, je propose de maintenir le crédit de 1871.

J'ai des observations à vous soumettre sur le fonctionnement de cet établissement qui sollicite d'être reconnu d'utilité publique. J'en ferai l'objet d'un rapport spécial.

Les budgets antérieurs comprenaient un crédit général de 2,000 fr. pour les besoins du territoire militaire :

Ainsi qu'il est dit au § 2, ce crédit est confondu dans celui relatif à l'orphelinat de Mustapha. Il doit donc disparaître de la nomenclature.

§ 4. — Frais d'entretien des enfants placés dans les familles .... 23,000 »

Ce § n'existait pas au budget de 1871. L'administration était obligée d'imputer sur l'ensemble de l'art. 2 (Orphelinats) les frais d'entretien des enfants qu'elle place chez les colons.

Ces enfants sont en ce moment au nombre de 96 ; ils occasionnent une dépense annuelle de 15,270 fr., à laquelle viendra s'adjoindre celle de 5,490 fr. que nécessiteront, à partir du 1er avril 1872, les 61 enfants provenant de Boufarik et dont il a été question au § 1er du présent article, soit un total de 20,766 fr.

En raison des nouvelles admissions à prévoir dans le courant de l'année 1872, je vous propose de voter un crédit de 23,000 fr.

D'après les chiffres que je viens de vous proposer, la récapitulation de l'art. 1er (Orphelinats) se solderait par une économie de 11,087 fr. 60 c.

Art. 3. — *Enfants trouvés et abandonnés.*

§ 1er. — Mois de nourrices à raison de 15 fr. par mois, ci	22.000	»
§ 2. — Primes d'encouragement aux nourrices pour soins aux enfants	300	»
§ 3. — Traitement d'une sœur de charité	1.000	»
§ 4. — Salaire d'une femme de charge	540	»
§ 5. — Frais de layette et vêture	1.000	»
§ 6. — Indemnité au médecin chargé du service médical	300	»
§ 7. — Frais de médicaments pour les enfants malades	300	»
Total	25.440	»

Le nombre des enfants en nourrice est de 98 au lieu de 180 qui existaient au 1er janvier 1870 ; il occasionne une dépense de .... 17.700 »

En raison des nouvelles admissions à prévoir, j'ai inscrit un crédit de 22,000 fr., soit une diminution d'un tiers sur les crédits des exercices antérieurs pour les frais de nourrice.

L'intérêt qui s'attache aux bons soins à donner aux enfants dans la période difficile de l'allaitement m'a engagé à maintenir la prime aux nourrices.

Quant aux crédits pour le traitement d'une sœur de charité, le salaire d'une femme de charge et l'indemnité au médecin, ils sont motivés par les nécessités du service ; ces allocations sont les mêmes que les années précédentes.

En ce qui concerne les frais de layette et vêture, le crédit de 1871 a été réduit de 500 fr. proportionnellement à la diminution du tiers qu'a subi le crédit relatif aux mois de nourrice.

Je vous propose de voter un crédit de 300 fr. pour frais de médicaments fournis aux enfants malades,

Ce crédit n'existait pas au budget de 1871. L'administration a jusqu'ici été obligée de faire face à cette dépense au moyen d'imputations sur l'ensemble du chapitre 3 (assistance publique).

Je ferai remarquer que le crédit de 180 fr. qui figurait en 1871 pour frais de nourrice en territoire militaire, a été confondu dans les 22,000 fr. prévus au § 1er.

Ainsi le total de l'article 3 se trouve réduit de 37,380 fr. à 25,440 fr., d'où une économie de 11,940 fr. obtenue par la sévérité de plus en plus grande qui préside à l'attribution de l'assistance aux enfants abandonnés ou aux filles-mères qui sollicitent l'indemnité de frais de nourrice.

Art. 4. — *Aliénés indigents.*

§ 1er. — Frais d'entretien, à raison de 1 fr. 20, aux hospices d'Aix, Auxerre, Dijon, Grenoble, Marseille, Montpellier, Mende, Moulins, Paris................ 54.000 »

Le chiffre des aliénés indigents, placés par l'autorité préfectorale dans les asiles de la métropole, s'élève à 119, savoir :

A l'asile d'Aix........................	110	119
Dans les autres asiles.................	9	

C'est sur l'asile d'Aix que le département dirige les aliénés dont il doit assurer l'envoi en France. Ceux qui comptent dans les autres établissements sont des individus ayant leur domicile de secours dans la province d'Alger, mais qui ont dû être internés par les soins du Préfet du département où ils se trouvaient lorsque la maladie les a frappés.

Il est à remarquer que, malgré les mouvements qu'il a subis, l'effectif se trouve aujourd'hui ce qu'il était le 1ᵉʳ janvier 1870. En effet, il y a eu 39 entrées depuis cette époque. On compte le même nombre de sorties, dont 22 par suite de guérison et 17 par suite de décès.

Les dépenses occasionnées par ces 119 aliénés s'élèvent à 52.128 fr. En y ajoutant avec la somme de 2.000 fr., en vue des dépenses afférentes aux aliénés à provenir du territoire militaire, on dépasse le chiffre prévu en 1870. Je crois devoir néanmoins vous proposer de maintenir la même allocation, soit 54.000 fr.

§ 2. — Frais de transport des aliénés indigents qui appartiennent au département.................. 1.480 »

Cette dépense représente principalement les frais d'embarquement et de voyage des aliénés ainsi que de leurs conducteurs d'Alger à Aix.

§ 3. — Salaire de 2 infirmiers pour le service spécial des aliénés à l'hôpital civil de Mustapha.......... 720 »

Ce crédit se justifie par les nécessités d'un service spécial.

Art. 5. — *Service médical de la colonisation.*

§ 1er. — Médecins de colonisation.

1 médecin de colonisation de 1re classe....	3.500	»
3 — de 2e classe, à 3,000 fr..........................	9.000	»
6 médecins de colonisation de 3e classe, à 2,500 fr..........................	15.000	»
Part contributive du département dans les dépenses de médecins communaux.....	12.750	»
Subvention pour le service médical aux communes mixtes de Djelfa, Dra-el-Mizan, Fort-National, Laghouat, Tizi-Ouzou..........................	1.500	»
Distribution de médicaments aux colons indigents et soins à domicile...........	1.000	»
Total..........	42.750	»

L'administration s'est attachée depuis plusieurs années, à préparer la transformation des médecins de colonisation payés sur le budget départemental, en médecins communaux, rétribués sur les ressources communales ou, exceptionnellement, à l'aide de subventions départementales.

Grâce à cette combinaison, à laquelle les précédents conseils ont donné leur adhésion, on obtient de pouvoir créer des postes de médecin de colonisation sur de nouveaux points ; c'est ainsi qu'on arrivera à généraliser les bienfaits de l'assistance médicale, sans accroître les charges supportées de ce chef, par le département.

Les mouvements réalisés dans cet ordre d'idées, pendant ces dernières années, donnent aujourd'hui la situation suivante, qui motive le maintien des crédits de 1870 :

1° Médecins de colonisation à la charge exclusive du département.

Médecin de 1re classe à l'Alma		3.500	»
Médecins de 2e classe, à 3,000 fr.	à Cherchel.... à l'Arba...... à X.........	9.000	»

Un emploi de médecin de 2e classe est vacant. On réserve le crédit nécessaire pour donner de l'avancement à l'un des médecins de 3e classe.

2° Médecins de 3e classe, à 2,500 fr	à Rouïba....... aux Trembles.... à Dellys, pour Bordj-Menaïel. à Duperré....... au Fondouck.... à Affreville..... à Vesoul-Benian.	15.000	»

Ce crédit correspond à 6 médecins de 3e classe seulement, bien qu'il y ait actuellement sept praticiens de cette catégorie. Mais la différence est compensée au moyen de la vacance signalée à propos des médecins de 2e classe.

2° Médecins communaux payés en partie par le département.

Médecins de 2e classe.	à Rovigo	1 500	»
	à Coléa	1.500	»
Médecins de 3e classe.	à Bourkika......	1 250	»
	à Mouzaïaville	1.250	»
	à Chebli.......	1.200	»
	à Chéragas.......	600	»
	à Berrouaghia	300	»
	à Boghar	300	»
	à Boghari	600	»
	à Teniet-el-Hâad .	300	»
		8.800	»

La différence entre ce chiffre et le crédit demandé provient de récentes suppressions. Elle servira précisément à réaliser des créations sur certains points qui ont besoin de l'assistance du département pour l'installation du service médical.

Les sommes destinées à subventionner les communes mixtes et à fournir aux distributions de médicaments, ne donnent lieu à aucune observation.

ART. 6. — *Secours pour événements calamiteux et aux colons indigents n'ayant pas de domicile de secours* .... 5.000 »

Ce crédit, qui en 1884 s'élevait encore à 8,000 fr. pour les deux territoires de la province, a dû être réduit à 5,000 francs, pour tenir compte de la situation générale du budget. Il ne me paraît pas possible de le réduire davantage, surtout en présence du mouvement d'individus de passage à secourir qui va inévitablement résulter de l'appel fait à l'immigration.

ART. 7. — *Secours de route et de repatriement pour les voyageurs indigents*.......................... 1.000 »

Chapitre IV.

TRAVAUX.

ART. 1er. — *Entretien des édifices et bâtiments à la charge du département.*

§ 1er. — Entretien de l'hôtel de la Préfecture. 2.500 »

Même crédit qu'en 1871, présentant une diminution de 500 fr. sur celui précédemment alloué depuis 1865.

§ 2. — Entretien de l'hôtel du général administrateur.

L'hôtel du général administrateur du territoire dit militaire est installé dans un immeuble de l'État qui est entre les mains du service du génie.

§ 3. — Entretien des hôtels de sous-préfectures :

Sous-préfecture de Miliana (entretien locatif)...................................... 200 »

§ 4. — Entretien des commissariats civils.... 900 »

Mêmes crédits qu'en 1870 et 1871 ; ils n'ont pas varié depuis 1865.

§ 5. — Entretien des Tribunaux français.

Cour d'assises (entretien ordinaire)........	500 »
Tribunal de 1re instance d'Alger (entretien ordinaire)................................	500 »
Parquet du Procureur de la République à Alger (locatif)................................	150 »
Tribunal de commerce d'Alger (locatif).....	100 »
Tribunal de 1re instance de Blida (Id)	100 »
Total.....	1.350 »

Le premier article a dû être introduit dans la nomenclature du budget de l'exercice 1872, par les motifs ci-après :

L'administration ayant reconnu l'impossibilité de tenir les assises dans la salle d'audience de la Cour d'appel, non-seulement à raison de l'exiguité du local qui ne se prêtait pas au fonctionnement du Jury, mais encore parce qu'il en serait résulté forcément une suspension pour le service des chambres spéciales, a dû aviser à l'installation de la Cour d'assises dans un autre local.

A cet effet, et en vertu d'ordres de l'autorité supérieure, le Génie militaire a mis à la disposition de l'administration civile, l'immeuble qu'occupait l'Intendance divisionnaire à Alger, et dans lequel on a pu trouver place pour les services de la Cour d'assises et le parquet de M. le Procureur général.

La remise de cet immeuble a été effectuée le 9 février 1871, et comme la session de la Cour d'assises devait s'ouvrir le 28 du même mois, les travaux d'appropriation ont été effectués d'urgence au moyen de crédits qui ont été alloués par l'administration supérieure sur le budget de l'Etat.

Il y a donc lieu de pourvoir désormais à l'entretien annuel de cet immeuble et on a inscrit à cet effet le crédit jugé nécessaire, soit 500 francs.

§ 6. — Entretien des tribunaux musulmans :

Entretien du Medjelès, du tribunal haneli, du tribunal maleki et de la geôle du cadi à Alger....	400	»
Entretien locatif dans les autres localités...	600	»
Total...........	1.000	»

Mêmes crédits [illegible]puis 1866.

§ 7. — Entretien des Prisons et dépôts de sûreté.

Prison civile d'Alger .... 2.000 »
Prison des femmes au lazaret d'Alger...... 750 »
Prison civile de Blida .... 900 »
Entretien locatif des maisons de dépôt de :
Médéa, Miliana, Laghouat, Ténès, Dellys et Cherchel................................ 800 »

Total................ 4.450 »

Le total du crédit afférent à ce § est le même depuis 1860.

Les précédents budgets ne comprenaient aucune allocation pour les maisons de dépôt de Dellys et de Cherchel. C'est une omission que j'ai réparée par prélèvement sur les deux premiers articles, et par conséquent sans modifier l'ensemble du crédit du § qui reste fixé à 4,450 fr.

§ 8. — Entretien des casernes de gendarmerie.

Propriétés départementales :
1° Dans les limites du département :
Aumale, Ben-Aïcha, Berrouaghia, Boghar, Coléa, Dellys, Douéra, Kouba, Maison-Carrée, Marengo, Orléansville, Ténès .... 4.200 »
2° Dans le territoire dit militaire :
Palestro, Dra-el-Mizan, Fort-National, Laghouat, Tablat, Tizi-Ouzou................ 900 »
Locations :
Affreville, Alger, Alma, Arba, Birkadem, Blida, Boufarik, Bou-Medfa, Bouzaréa, Cherchel, Cheragas, Duperré, El-Biar, Fondouck, Médéa, Miliana, Montenotte, Mustapha-Inférieur, Mouzaïaville, Saint-Eugène, Teniet-el-Haad, Djelfa. 4.010 »

Total........ 9.110 »

Les casernes du col des Beni-Aïcha, de Tizi-Ouzou, de Dra-el-Mizan, de Palestro ont été détruites ou ont subi des dégâts considérables lors de l'insurrection ; M. le Gouverneur général a accordé, pour la reconstruction ou la mise en état de ces immeubles, des fonds à prélever sur la contribution de guerre. Il y a donc lieu de prévoir le crédit nécessaire à l'entretien ordinaire desdites casernes, tout en réduisant le chiffre pour 1872, en ce qui concerne les casernes qui, nouvellement reconstruites, auront besoin de moins d'entretien.

La prévision qui avait été fixée, en 1871, à 9.360 fr., se trouve ainsi réduite à 9.110 fr.

§ 9. — Entretien des bâtiments affectés aux hôpitaux :

D'Alger	10.000	»
De Douéra	2.600	»
De Marengo	1.000	»
Total	13.600	»

Même crédit depuis 1860.

§ 10. — Entretien des mosquées et des établissements religieux musulmans.

Arrondissement d'Alger :

Rite maleki. — Entretien de la grande mosquée malékite, de trois mosquées secondaires et de dix marabouts 1.990 »

Rite hanefi. — Entretien de la grande mosquée hanéfite, de celle dite Djamâa Saphir et de trois marabouts 1.420 »

Banlieue d'Alger :

Entretien des mosquées du Hamma, de la

A reporter 3.410 »

Report	3.410	»
Bouzaréa, de Birmandreïs, de Birkadem, de Tixeraïn et de la Mecid de Kouba...........	660	»
Dans les autres villes : Aumale, Blida, Cherchel, Coléa, Dellys, Médéa, Miliana et Ténès — entretien de dix mosquées principales ou secondaires, et de deux marabouts...............	3.050	»
Total.................	7.120	»

Ce crédit, qui est resté le même depuis 1867, se trouve réduit de 130 fr., somme correspondante à la suppression des bâtiments affectés aux trois marabouts de Sidi Saadi, Sidi Chelmouni et Sidi Slaoui ; l'un est démoli, les deux autres ont cessé d'être affectés à l'exercice du culte musulman.

§ 11. — Écoles arabes.

M'dersa d'Alger.......................	200	»

§ 12. — Entretiens divers.

Maison de la mission des prêtres lazaristes...	200	»
Orphelinat de Mustapha.................	2.200	»
Bibliothèque et Musée d'Alger.	400	»
Logement de l'exécuteur des hautes œuvres.	100	»
Direction du Port de commerce et de la Santé.	200	»
Orphelinat protestant de Dély-Ibrahim.....	200	»
Maisons domaniales à Alger, affectées au logement des familles musulmanes nécessiteuses.	1.500	»
Crédit général pour les immeubles du territoire dit militaire..........................	1.400	»
Total.....	6.200	»

Même crédit depuis 1868, sauf une augmentation de 800 fr.

au crédit général du territoire militaire et l'allocation de 1.100 fr. afférente à l'entretien des maisons domaniales de la ville d'Alger, affectées au logement des familles musulmanes nécessiteuses. Cette dernière allocation a figuré pour la première fois au budget de l'exercice 1870.

Voici les considérations qui en motivent le maintien au budget départemental :

Le prix de la location des maisons domaniales de la ville d'Alger affectées à l'assistance musulmane, est perçu pour le compte du département et figure aux recettes ordinaires de son budget.

Ces constructions sont vieilles et dégradées pour la plupart, et leur conservation exige impérieusement que des travaux de consolidation soient exécutés à bon nombre d'entre elles.

A la suite du tremblement de terre du 2 janvier 1867, plusieurs de ces maisons menaçant ruine, M. le Gouverneur général voulut bien, sur la demande du Préfet, ouvrir sur le fonds commun des budgets provinciaux, un crédit de 4,000 fr. qui fut employé à l'exécution des réparations les plus urgentes; mais deux ans après de nombreuces dégradations furent signalées, et il ne fut pas possible, en l'absence de toute allocation, de porter remède à cet état de choses.

Saisi à cette époque, d'une nouvelle demande de fonds, M. le Gouverneur général faisait connaître : « qu'en raison du » chiffre élevé de la subvention qui était accordée à la pro- » vince sur le fonds commun en 1869, aucune demande » ayant pour objet une allocation supplémentaire ne pouvait » être admise. »

M. le Gouverneur général ajoutait que dans le cas où le budget provincial, au profit duquel, en vertu d'une décision du 26 août 1862, est perçu le produit de ces maisons, ne pourrait supporter les frais des nouvelles réparations, il conviendrait d'examiner s'il n'y aurait pas convenance d'imposer tout ou partie de ces réparations aux locataires, moyennant réduction du prix du bail.

Ce dernier moyen, qui aurait pu être employé d'office par l'administration, et qui aurait eu pour conséquence d'imposer au budget provincial une réduction dans le montant de ses recettes, sans exiger le vote régulier d'un crédit par le Conseil général, présentait des inconvénients dans son application.

Il devait en résulter, notamment, pour l'Administration l'obligation de substituer à des locataires pauvres et hors d'état de faire l'avance du montant des travaux, des locataires aisés, il aurait fallu de plus consentir à ces derniers des baux à longue période et moyennant un loyer insignifiant pour des maisons sur le produit desquelles ils auraient spéculé largement en exploitant la classe pauvre.

Le précieux mode d'assistance, par voie de logement en nature à prix réduit, dont l'administration dispose en faveur de la population musulmane, ne devait plus ainsi offrir de résultats utiles. On a donc renoncé à cette combinaison.

Par suite de ces considérations, une allocation a été régulièrement portée au budget. Cette allocation devrait être pour 1872, en raison de l'état de délabrement exceptionnel des immeubles à réparer, d'au moins 3,000 fr. ; mais en présence de la pénurie des ressources du budget, j'ai cru devoir m'en tenir au chiffre de 1,500 fr., dont j'espère vous voir reconnaître l'utilité. Cette légère augmentation tournera d'ailleurs au profit des recettes, car, moyennant la mise en état des immeubles dont nous nous occupons, il sera possible d'élever un peu le prix de quelques-uns des baux en renouvellement.

§ 13. — Indemnités aux agents des bâtiments civils. 2.187

Les travaux d'entretien à exécuter pour le service des bâtiments civils pour « *l'entretien des édifices et bâtiments à la charge de la province* » s'élèveront, si vous votez les crédits demandés, au chiffre de 43,730 fr.

L'indemnité à attribuer aux agents de ce service doit être calculée à raison de 5 0/0, conformément au taux précédemment admis, le nouveau tarif qui a fait l'objet de la délibération du Conseil général, en date du 6 octobre 1869, ne s'appliquant qu'aux travaux neufs.

ART. 2. — *Grosses réparations aux édifices et batiments à la charge du département.*

Les crédits demandés par M. l'architecte en chef pour grosses réparations aux batiments départementaux, s'élèvent à la somme totale de 74,000 ; mais les travaux compris dans ces propositions ne m'ont pas paru avoir le même degré d'urgence. Un sérieux examen des besoins, m'a conduit à en former deux catégories.

Dans la première, j'ai rangé les travaux ayant un caractère d'urgence marqué et dont on ne saurait différer plus longtemps l'exécution sans de graves inconvénients pour les services intéressés. Les crédits demandés pour ces travaux s'élèvent à la somme totale de 34,800 fr. à laquelle vient s'ajouter l'indemnité de 5 0/0, soit 1,740 fr. aux agents des batiments civils.

Dans la seconde catégorie, sont compris les travaux dont l'urgence m'a paru devoir fléchir devant la pénurie des ressources du budget du prochain exercice. Je ne les indiquerai que sommairement en maintenant pour mémoire seulement, les crédits demandés qui s'élèvent à la somme totale de 39,000 fr.

1re Catégorie.

(*Travaux pour lesquels des crédits sont proposés au budget*)

Alger. — *Hôpital civil.* .... 5 900 »

Remplacement des planchers des salles St-Joseph, St-Roch et St-Jean ; construction d'un ciel ouvert pour la salle des opérations.

Depuis plusieurs années l'administration a entrepris la consolidation des salles de cet hôpital, afin d'en prolonger l'existence, et, en même temps, le remplacement des anciens planchers en bois, qui étaient en pleine pourriture, par un carrelage en briques de plat. Ce dernier travail ayant eu un résultat très-favorable pour la salubrité de cet établissement hospitalier, il importe de le continuer dans les salles St-Joseph, St-Roch et St-Jean. La dépense est évaluée à 5,300 fr. Il y a lieu d'allouer en outre une somme de 600 fr. pour la construction d'un ciel ouvert qui a été reconnu d'absolue nécessité dans la salle des opérations.

Douéra. — *Hôpital civil*.................. 5,000 »

La Commission administrative a insisté, à différentes reprises pour obtenir la division en plusieurs salles, de la grande salle actuelle des fiévreux. Pour arriver à ce résultat, il faut construire un nouvel escalier, de nouvelles latrines, etc., etc. ; travaux dont la dépense est estimée à 5,000 fr. Il s'agit d'une mesure de salubrité et d'hygiène à laquelle il importe de pourvoir dans l'intérêt des malades.

Marengo. — *Hôpital civil*...... .... 4 000 »

Construction d'un amphithéâtre et salle des autopsies.

La commission administrative de l'hôpital de Marengo, d'accord avec l'autorité locale, réclame depuis longtemps une amélioration importante dans l'installation matérielle de cet établissement. Il s'agit de l'amphithéâtre. La salle actuelle, qui a cette affectation, est située au milieu des constructions de l'hôpital. C'est une baraque en planches, dont les bois sont disjoints par l'action du soleil et de la pluie. La salubrité de l'hôpital est compromise par les dispositions actuelles qui produisent une odeur intolérable et laissent les cadavres exposés aux atteintes des rats. Il importe de remédier au plus vite à cet état de choses en construisant un petit pavillon isolé, destiné au service de l'amphithéâtre

La dépense des travaux projetés dans ce but est estimée à la somme de 4,000 francs.

Alger. — *Grande mosquée, rue de la Marine (malekite)*.............................. 3.000 »

Reconstruction d'une terrasse adossée à la galerie de la rue de la Marine et reprise des terrasses de la grande galerie.

Il est à craindre, si on ajournait ces travaux, que le département ne soit entraîné plus tard dans une plus forte dépense.

Dellys. — *Mosquée* .... 4.500 »

La solidité du bâtiment se trouve compromise par suite du mauvais état des terrasses qui menacent de s'effondrer. Pour assurer la conservation de cette mosquée, il est urgent d'entreprendre la reconstruction de ces terrasses avec changement des bois, madriers et planchers qui sont pourris. La dépense de ce travail est évaluée à 4.500 »

Ténès. — *Mosquée*. .... 1.500 »

Faute d'un crédit suffisant, il n'a pas été possible, jusqu'à ce jour, de refaire la toiture de la mosquée de Ténès, dont une partie s'est écroulée. L'administration a avisé du mieux qu'elle a pu à en prévenir l'écroulement total mais les travaux provisoires qui ont été exécutés dans ce but, ne sauraient être efficaces qu'à la condition de les compléter par la continuation du remplacement des anciennes couvertures et restauration du minaret. Un crédit de 1,800 fr. est demandé pour y pourvoir en 1872.

Miliana. — *Mosquée Sidi-Youcef*.......... 5.000 »

Reprise des murs du marabout, consolidation des arceaux intérieurs, des toitures et restauration du minaret.

Les toitures de la mosquée de Sidi-Youcef à Miliana, sont en fort mauvais état, ainsi que les piliers qui la soutiennent. Un hiver pluvieux, des neiges quelque peu abondantes, occasionneraient des désordres d'une grande gravité. Il importe de remédier à cet de choses, dans le double but de donner toute sécurité aux musulmans qui fréquentent cette mosquée, et aussi pour éviter chaque année des réparations qui sont inefficaces, tout en coûtant fort cher. Au moyen du crédit de 5,000 fr. qui est demandé, on pourra faire, en 1872, les travaux confortatifs les plus indispensables que nécessite l'état actuel de ce bâtiment.

Médéa. — *Mosquée*.................... 1.800 »

Consolidation des toitures et des arceaux intérieurs, réfection du bassin de la salle des ablutions et restauration du minaret.

Travaux à exécuter par mesure de sûreté et dans l'intérêt de la conservation de cette mosquée.

Cherchel. — *Mosquée* .... 1.800 »

Cette mosquée est en très mauvais état, et l'administration a dû, à différentes reprises, prendre des mesures de précaution pour prévenir les accidents qu'aurait pu occasionner la chute de la toiture. C'est dans le même but qu'un crédit de 1,500 fr. est demandé pour la reprise de la partie supérieure du minaret, et la consolidation des arceaux intérieurs.

Douéra. — *Gendarmerie*.................. 2.000 »

La caserne de Douéra réclame un changement complet des menuiseries, portes, croisées et volets qui sont dans le plus mauvais état. Il est également indispensable de construire un mur de clôture pour fermer la façade principale, et de niveler les cours qui ne sont pas praticables pendant la saison d'hiver. Il sera possible, au moyen d'un crédit de 2,000 fr. d'effectuer l'ensemble de ces réparations, qu'on ne saurait ajourner plus longtemps en présence des plaintes reitérées du service intéressé.

Indemnités aux agents du service des bâtiments civils.............................. 1.740 »

Crédit de droit calculé à raison de 5 % de la somme totale de 34,800 fr. si le Conseil vote les crédits demandés au titre de l'art. 2. Dans le cas où le Conseil général ferait passer dans la première catégorie des travaux de la deuxième catégorie ci-après, il y aurait lieu d'augmenter le crédit de 1,740 fr. à raison de 5 % des nouvelles dépenses votées.

2e Catégorie.

(Travaux indiqués pour mémoire seulement.)

Alger. — *Orphelinat de Mustapha-Supérieur* :

Conduites d'eau (remplacement des tuyaux en poterie par des tuyaux en fonte), réfection de terrasses, achèvement du mur de clôture et construction d'un pavillon de concierge.............................. 12,000 »

L'ensemble des conduits qui alimentent l'établissement est en très mauvais état de fonctionnement. Ces conduits, en vieux tuyaux de poterie, sont très engorgés ; il convient de les remplacer par des tuyaux en fonte.

Ténès. — *Prison civile* :

Construction d'un bassin avec borne-fontaine dans l'intérieur, 800 fr.

Orléansville. — *Caserne de gendarmerie* :

Construction de deux ailes du 1er étage pour compléter les logements nécessaires pour l'installation du lieutenant d'arrondissement et d'une nouvelle brigade ; consolider le mur de clôture Nord, 16,000 fr.

Berrouaghia. — *Caserne de gendarmerie* :

Construction de deux bastions ; réfection des parties du mur d'enceinte qui ont été démolies pour créneler la caserne ; remplacement de la porte d'entrée et construction de nouveaux pieds droits, 6,000 fr.

Alger. — *Mosquée de Sidi-Ramdan* :

Reprise des piliers d'arceaux, remaniement des toitures, etc., 4,000 fr.

Coléa. — *Marabout de Sidi-Embareck et Minaret de la mosquée.*

Enduit des murs du minaret et reconstruction des terrasses du marabout, 3,000 fr.

Art. 3. — *Entretien des routes à la charge du département.*

M. l'Ingénieur des ponts-et-chaussées de la circonscription d'Alger fait précéder ses propositions de l'observation générale suivante :

« Au moyen des crédits restreints affectés depuis quel-

» ques années à l'entretien des voies de communication à la » charge du département, il a été possible d'assurer la cir- » culation et cet état pourra, à la rigueur, être maintenu » pendant un petit nombre d'années encore. Mais les » chaussées sont sur de notables longueurs, très-fortement » usées, elles perdent chaque jour de leur épaisseur et le » moment est proche où des rechargements généraux de- » viendront indispensables, si le département ne se hâte de » doter les routes et chemins de crédits suffisants, tout au » moins pour permettre d'arrêter les progrès de la détério- » ration des voies de communication, sinon pour arriver à » les ramener graduellement à l'état normal d'entretien.

» Dans le premier cas, le crédit annuel d'entretien devrait » être de 325,000 fr. Dans le second, il conviendrait de le » porter à 400,000 fr.

» Pour me conformer aux instructions que l'Administra- » tion m'a adressées en présence de la situation financière » du département, j'ai dû maintenir le montant de mes pro- » positions dans la limite des crédits alloués les années pré- » cédentes. Mais je ne saurais trop insister pour signaler » cette situation comme précaire et pleine de dangers, et » pour conseiller à l'Administration d'aviser au moyen d'en » sortir promptement. »

§ 1er. — Route provinciale n° 1, d'Alger à Dellys, 1° avec embranchement sur Tizi-Ouzou......... 60.000 »

Longueur totale 75,280 mètres. La dépense de 69,000 fr. se répartit ainsi qu'il suit :

Matériaux, 50,000 ; cantonniers, 18,000 ; régie administrative (comprenant les ouvriers

A reporter..... 60.000 »

Report.........	60.000	»

auxiliaires, les salaires de surveillants, les dépenses diverses), 12,000 fr.

Cette route présente, dans les plaines des Issers et de l'Oued Schender, sur 25 kilomètres environ de développement, une largeur anormale qui exige l'emploi d'une main-d'œuvre d'entretien très importante. Elle a d'ailleurs été très fatiguée pendant la campagne courante par la circulation extraordinaire qu'elle a supportée par suite des événements de la Kabylie. Il est indispensable, pour que la viabilité y soit rendue possible, dans des conditions passables, que le crédit d'entretien soit porté à 60,000 fr. au moins.

2° Embranchement de Tizi-Ouzou à Fort-National	11.000	»

Longueur 27 kilomètres.

Cette route, confiée au Génie, est d'une importance capitale au point de vue stratégique, en ce qu'elle nous met en communication avec le cœur de la Kabylie. Elle est fort délabrée par suite de l'insuffisance des fonds d'entretien. Il faudrait 1,000 fr. par kilomètre, mais, en raison de la situation budgétaire, le Génie ne demande que 400 francs.

Total..........	71.000	»

§ 2. — Route provinciale n° 2, d'Alger à Aumale :

1° Parcours à la charge des Ponts et Chaussées	60.000	»

56,218 mètres, dont, empierrés et à l'état

A reporter........	60.000	»

Report .... 60.000 »

normal d'entretien, 40,418 mètres, et non empierrés, 15,810 mètres.

La dépense se répartit ainsi : matériaux, 30,000 fr.; cantonniers, 14,600 fr.; régie administrative, 15,400 fr.

La circulation est très active entre le champ de manœuvres et l'oued K'niss, sur une longueur de 3,500 mètres environ. Cette partie de route forme une des promenades des environs d'Alger et exige, par suite, des soins plus particuliers, tels que l'arrosage et l'enlèvement fréquent de la poussière.

Le crédit de 60,000 fr. doit être maintenu.

2° Partie à la charge du service du génie : 71 kilomètres .... 35.000 »

Total.............. 95.000 »

Cette portion de la route, qui attend encore son achèvement, est d'un parcours dangereux, et quelquefois même impraticable en hiver. Le service du génie ne demande que 500 fr. par kilomètre, tout en faisant remarquer que cet entretien exigerait une somme double pour assurer le passage en tout temps.

§ 3. — Route provinciale n° 3, d'Alger à Blida, par Douéra.... .... 30.000 »

Longueur : 30,500 mètres. Les rampes Rovigo et Valée et la route proprement dite jusqu'au 6e kilomètre, qui sont empruntées par la route provinciale n° 5, d'Alger à Coléa, sont fatiguées par une circulation très active; de là le glissement général du terrain, entre les kilomètres 13 et 14, occasionne des dépenses exceptionnelles; enfin, on compte, dans le parcours, une longueur de 12 kilomètres environ sur laquelle la chaussée ayant perdu une grande partie de son épaisseur normale, serait défoncée et impraticable si la couche de matériaux employés ne répondait plus exactement à l'usure annuelle. Le crédit de 30,000 fr. est indispensable; il se répartit ainsi qu'il suit :

Matériaux, 14,000 fr.; cantonniers, 10,800 fr.; régie administrative, 5,200 fr.

§ 4. — Route provinciale n° 4 d'Alger à Cherchel.............................. 21.000 »

Longueur, 34,526 m. y compris les rues de grande voirie de Cherchel et les rampes du port.

La dépense se répartit ainsi qu'il suit :

Matériaux, 7,000 fr.; cantonniers, 9,500 fr.; régie administrative, 4,500.

Le crédit des années précédentes doit être maintenu.

§ 5. — Route provinciale n° 5, d'Alger à Coléa. 28.000 »

Longueur, 31,687 m. 0.

La dépense se répartit ainsi qu'il suit :

Matériaux, 14,000 fr.; cantonniers, 10,400 fr.; régie administrative, 3,600 fr.

La chaussée manque notablement d'épaisseur sur les 2/3 du parcours de la route. Il y aurait un danger réel à réduire le crédit accordé les années précédentes.

§ 6. — Route provinciale n° 6 de Blida à Coléa. 18.000 »

Longueur, 20,708 m. 0.

La dépense se répartit ainsi qu'il suit :

Matériaux, 10,000 fr.; cantonniers, 6,200 fr. régie administrative, 1,800.

La chaussée a besoin d'abondantes fournitures entre Blida et le chemin de Joinville et dans la traversée de la forêt de Mazafran.

L'exiguité constante des crédits dans ces dernières années n'a pas permis de restituer aux parties de chaussées qui fatiguent le plus, la totalité de l'usure qu'elles subissent, aussi est-il indispensable que le crédit de 18,000 fr. soit alloué et maintenu pendant quelques années, sans quoi, dans un avenir prochain, on sera forcé de recourir à des rechargements généraux très dispendieux. Le mal signalé serait d'ailleurs plus grand encore si, comme le constatent les liquidations annuelles du budget départemental, on n'avait pas prélevé sur la dotation de routes moins insuffisamment dotées et moins menacées de ruine, la somme nécessaire pour porter à ce chiffre le crédit définitif de la route provinciale n° 6.

§ 7. — Route provinciale n° 7, de Blida à l'Alma. 20,000 »

Longueur 48,900 mètres.

Matériaux, 9,000 fr. — Cantonniers, 11,000. fr. — Régie administrative, 1,000 fr.

Antérieurement à 1870, alors que la route ne présentait qu'un développement de 39,700 mètres, le département a consacré annuellement un crédit de 16,000 fr. à son entretien. Depuis, sa longueur a été portée à 48,900 mètres par l'ouverture de la partie comprise entre Rivet et le Fondouk. Cependant, le crédit inscrit au budget départemental n'a pas varié. Toutefois, il est à observer que, en 1870, l'Etat est venu en aide au département pour l'entretien de cette route au moyen d'une subvention de 6,000 fr. imputée sur les fonds provenant de l'emprunt de cent millions. La même allocation n'a pas eu lieu en 1871. Il est de toute nécessité que le département y supplée, autant que possible, en 1872, en inscrivant au budget le chiffre proposé de 20,000 fr.

§. 8. — Route provinciale, n° 8, de Médéa à Miliana........ ....: . 6.000 »

La longueur à l'état d'entretien se compose : 1° d'un tronçon de 3,700 mètres, reliant Médéa à Lodi, dont le déclassement a été proposé ; 2° de la 1re section de la route en construction par les vallées du Baroura et de l'Oued Harbène, longue de 8 kilomètres. Le crédit de 1,000 fr. inscrit au budget départemental pendant les années précédentes aurait été complètement insuffisant si le budget extraordinaire de l'Algérie n'était venu au secours de celui du département, en le portant à 6,000 fr. au moyen d'une subvention de 5,000 fr. Il sera sage, je crois, de ne plus compter sur de pareils secours. Il est donc de toute nécessité que le crédit demandé figure au budget de 1872.

Jusqu'à ce que la question du tracé à suivre pour la continuation de la route provinciale n° 8 ait été tranchée, il y a lieu de maintenir au budget le crédit de 6,000 fr. qui se répartit ainsi qu'il suit :

Matériaux, 2,500. fr. — Régie administrative 3,500 fr.

Le service des cantonniers n'est pas organisé ; le crédit de 3,500 fr. comprend le salaire des ouvriers auxiliaires chargés de l'entretien ordinaire et des ouvriers qui leur sont adjoints pendant l'hiver et le printemps pour l'emploi des matériaux.

§ 9. — Route provinciale n° 9 de Miliana à Téniet-el-Haâd.

Service des Ponts-et-Chaussées 2e circonscription.

Longueur 3,345 mètres .... 2.400 »

Le crédit accordé en 1871 pour cette route est suffisant. Il y a lieu de le maintenir en 1872.

Les 2.400 fr. seront employés ainsi qu'il suit:

Fournitures de matériaux 1.000 fr, salaire d'un cantonnier, 840 fr., ouvriers auxiliaires pendant la saison des pluies, 560 fr.

Service du Génie.

Longueur 53 kilom. .... 16.000 »

Total......... 18.400 »

Crédit calculé à raison de 300 fr. seulement par kilomètre.

La place de Teniet-el-Haâd peut, d'un jour à l'autre, nécessiter des ravitaillements qu'il importe de rendre faciles. La route ne présente plus qu'une lacune de 10 kilomètres, mais sur un fond solide et le génie ne réclame que 300 fr. à peu près par kilomètre.

§ 10. — Route provinciale n° 10 de Ténès à Orléansville .... 50.000 »

Longueur, 54 kilomètres.

Il n'est pas possible de restreindre le crédit demandé pour 1872, qui est d'ailleurs le même depuis plusieurs années, sans compromettre la viabilité de cette route dont la longueur totale est de 54 kilomètres.

Le crédit demandé se décompose de la manière suivante :

Fourniture de matériaux, 23,000 fr.; salaire de 22 cantonniers, 19,800 fr. ; ouvriers auxiliaires, 6,000 fr. ; dépenses diverses, 1,200 fr.

§ 11. — Route provinciale nº 11 de l'oued Djemâa à la route Nationale nº 5 par Dra-el-Mizan.... 6.000 »

Longueur, 13 kilomètres.

Cette route est classée jusqu'à l'oued Boghni, mais elle s'arrête, en réalité, à Dra-el-Mizan. On la terminera très imparfaitement avec les fonds alloués en 1871. Il faudrait 6,000 fr. pour l'achever, et 13,000 fr. pour son entretien. Le service du génie ne demande, toutefois, que 6,000 fr. pour cet entretien en 1872.

§ 12. — Entretien des ponts en bois sur les routes provinciales 1, 4 et 5 (ponts-et-chaussées, 1ʳᵉ circonscription)........................... 4.000 »

Les ponts en bois qui ont été pour le plus grand nombre détruits ou fortement détériorés par les indigènes révoltés, seront sans doute réparés au moyen des fonds provenant de l'impôt de guerre. Dans cette prévision, il est permis de réduire de 6,000 fr. à 4,000 fr. le montant du crédit annuellement affecté à leur entretien.

§ 13. — Bacs et trailles : salaire des pontonniers ; entretien des bacs ; frais de transport du matériel ; indemnités et frais de bureau.

Traille sur le Sebaou (route numéro 1 d'Alger à Dellys)........................... 3.386 50

Traille sur le haut Isser (route nº 2 d'Alger à Aumale)........................... 4.313 50

Pont sur le Mazafran (route nº 5 d'Alger à Coléa)........................... 4.800 »

A reporter....... 12.520 00

Report.........	12.520 00
Traille de l'Arba, du Djendel au Chélif (route nº 8 de Miliana à Médéa).....	4.065 »
Traille sur le Chelif (route nº 9, de Miliana à Teniet-el-Hâad).........................	3.865 »
Indemnité à l'agent comptable et frais de bureau................................	500 »
Indemnité à l'officier chargé de l'inspection des bacs et trailles..........	500 »
Total............	21.460 »

§ 14. Entretien des maisons de cantonnier. (Ponts et Chaussées. 1re circonscription) : Maisons des routes 1, 2, 4, 6, et 7.............................. 1.000 »

Les maisons que le département affecte au logement des cantonniers sont au nombre de 20, dont 15 sur la route départementale nº 1, d'Alger à Dellys et sur l'embranchement de Tizi-Ouzou. Toutes ces dernières ont été tellement dévastées par les Indigènes, qu'il est indispensable de les reconstruire à peu près en entier. Cette circonstance permettra de faire face aux besoins des autres bâtiments au moyen du crédit de 1,000 fr. qui serait complètement insuffisant si les bâtiments se trouvaient dans l'état où ils étaient avant l'insurrection.

(Ponts et Chaussées. 2e circonscription) : Maisons de cantonniers sur la route nº 10, de Ténès à Orléansville.......................... 700 »

Total...........	1.700 »

Même crédit que celui de 1871. Ce crédit est suffisant, mais ne peut être diminué.

§ 15. — Frais d'études, d'impression et dépenses diverses.

Ponts et Chaussées..........	1.200	4.200 »
Service du Génie............	3.000	

§ 16. — Indemnités proportionnelles allouées aux ingénieurs et conducteurs des Ponts et Chaussées.... 6.034 50

Ces indemnités sont calculées suivant les bases arrêtées par la délibération du Conseil général, en date du 17 décembre 1858, qui alloue en principe aux ingénieurs et conducteurs des Ponts et Chaussées, savoir :

4 °/₀ sur les premiers 60,000 fr.;

Au-dessus de 60,000 francs :

1 1/2 °/₀ pour les travaux d'entretien et grosses réparations, compris dans la 2e section.

2 °/₀ pour les travaux compris dans la 3e section.

L'ensemble des crédits prévus pour les travaux à exécuter par le service des Ponts et Chaussées au titre de la section 2, forme une somme de 302,300 fr. qui se décompte de la manière suivante :

4 °/₀ sur..................	60.000	2.400 »
1 1/2 °/₀ sur..............	242.300	3.634 50
Ensemble...........	302.300	6.034 50

ART. 4. — *Grosses réparations des routes à la charge du département et des ouvrages d'art qui en dépendent.*

Depuis plusieurs années, le Conseil général n'a pu voter

sur les ressources départementales aucuns fonds pour grosses réparations ou pour travaux neufs; il n'a pu même allouer pour le service d'entretien des routes et des chemins vicinaux de grande communication, la totalité des crédits indispensables qui ont été demandés. La situation financière du département ne s'étant pas améliorée, il a paru inutile à MM. les ingénieurs de formuler des propositions qui ne pourraient être accueillies, les grosses réparations à entreprendre n'ayant d'ailleurs pas, d'après eux, un grand caractère d'urgence.

Chapitre V.

PRIMES, SUBVENTIONS, ENCOURAGEMENTS.

ART. 1er. — *Part contributive du département dans la subvention annuelle attribuée à l'École préparatoire de médecine et de pharmacie*.................. 4.000 »

(Extrait de l'Instruction ministérielle du 23 octobre 1858, relative à la formation du budget provincial pour 1859.)

« La part contributive de chaque province, dans la subvention annuelle attribuée à l'École préparatoire de médecine et de pharmacie d'Alger, sera déterminée par décision ministérielle, en exécution du décret du 4 août 1857. »

Cette part, fixée en 1859, à 4.000 fr. pour la province d'Alger, n'a pas varié depuis.

ART. 2. — *Primes pour la destruction des animaux nuisibles ou dangereux*.................. 1.500 »

Ces primes ont été instituées par décision du Gouverneur général du 22 mars 1844, et le décret du 27 octobre 1858, article 41, n° 21, les a comprises dans les dépenses obligatoires à la charge du département. Elles s'appliquent à la destruction des animaux féroces, tels que · lion, hyène, panthère et à celles des chacals.

Dans sa session de 1867, le Conseil général a modifié l'arrêté ministériel du 13 octobre 1852, qui fixe à 1 fr. 50 la prime à accorder par tête de chacal abattu. Il a décidé que la prime serait de 10 fr. pour une série de 5 chacals détruits.

La destruction de ces derniers est passée dans les habitudes des chasseurs et est devenue aujourd'hui d'une pratique facile. Il y aurait peut-être lieu de diminuer, sinon de supprimer la prime.

Le Conseil général appréciera. Je propose, en attendant, de prévoir le même crédit que l'année dernière, soit 1,500 fr., dont 1,000 fr. pour le territoire civil et 500 pour le territoire, dit territoire militaire.

Chapitre VI

SERVICES INDIGÈNES

Art. 1er — *Subventions pour dépenses d'administration et de police des populations indigènes*... ... .. 12.000 »

Pour assurer, en ce qui concerne l'administration des Indigènes, les dispositions du décret du 18 août 1868 qui a supprimé le Bureau arabe départemental et réglé le fonctionnement des adjoints indigènes, M. le Gouverneur général avait décidé, le 18 septembre suivant, qu'il serait attribué au département, sur le fonds commun provincial, une somme de 30,000 fr. représentative de la subvention à inscrire en faveur des communes en vue de la dépense dont il s'agit.

Pour l'exercice 1870, on a attribué de cette manière à 22 communes une subvention dont le chiffre s'est élevé à 23,870 francs.

Depuis, ainsi que je l'ai déjà fait connaître, le fonds commun a été supprimé par un décret de la Délégation de la Défense Nationale, en date du 6 février 1871.

D'un autre côté, les nouveaux principes qui sont venus régler la constitution des municipalités ne pouvaient s'accomoder d'une disposition conservant le titre et les fonctions d'adjoint indigène à des agents spécialement nommés en dehors de cette organisation constitutionnelle, et rétribués, par le fait, au moyen des fonds à fournir par le budget départemental.

Pour faire cesser cette anomalie, l'autorité supérieure avait décidé, qu'à l'avenir, les agents municipaux auxquels la première organisation donnait la qualification d'adjoints indigènes seraient choisis à l'élection parmi les Conseillers musulmans et rétribués sur les fonds communaux, là seulement où les municipalités, restées d'ailleurs maîtresses de créer ces emplois, le jugeraient convenable.

Des questions de détail et les événements qui se sont succédé dans la colonie n'ont pas permis d'arriver à une application générale de cette combinaison.

Cependant quelques communes sont entrées d'elles-mêmes dans cette voie ; d'autres municipalités ont purement et simplement supprimé l'ancien emploi d'adjoint indigène ; le plus grand nombre paraît avoir maintenu l'ancienne organisation ; mais en fait, les adjoints indigènes qui avaient été choisis par l'autorité en dehors du Conseil municipal, ont vu leur position se transformer en celle de simples agents de l'autorité municipale, appelés à fournir aux maires les renseignements et les informations qui leur sont nécessaires pour assurer la police et la surveillance des populations arabes, et à les aider dans les mesures d'exécution.

Quoi qu'il en soit, au surplus, des modifications que la nouvelle organisation des municipalités a virtuellement apportées au décret du 18 août 1868, quant à l'exercice des fonctions d'adjoint indigène, je ne puis, en présence de la suppression du fonds commun qui pourvoyait par voie de subvention spéciale à la rétribution de ces fonctionnaires, vous proposer le maintien d'un crédit dont la base nous fait aujourd'hui défaut.

Si quelques communes sentaient, en raison des populations indigènes qu'elles renferment, le besoin de maintenir les fonctions spéciales dont je m'occupe, elles auraient à pourvoir à leur rémunération, sauf à solliciter du département des subventions qui ne sauraient leur être accordées que dans la mesure du possible, sur le fonds à inscrire à la section 3, chapitre 5, article 11.

Si, plus tard, la remise à l'autorité civile de certains territoires, dits militaires, exigeait la création d'emplois de cette nature, et qu'il parût convenable d'en rétribuer les titulaires, on aviserait au moyen de faire face à cette dépense, par un prélèvement sur les centimes additionnels aux impôts arabes.

On ne saurait néanmoins perdre de vue que, d'après le décret précité du 18 août 1868, l'autorité préfectorale a conservé ses attributions générales au point de vue de la police politique des indigènes. Les derniers événements ont démontré l'utilité de cette disposition, et vous reconnaîtrez qu'il est indispensable de mettre aux mains du chef du département les moyens d'exercer cette partie importante de ses attributions.

L'insurrection arabe a imposé à l'administration le devoir de rétablir temporairement les anciens amins des Berranis, non plus comme tribunal, bien entendu, mais comme agents de surveillance et d'exécution. Elle en a retiré le plus utile concours, non-seulement pour la sûreté de la ville où la présence d'un grand nombre d'indigènes étrangers, n'a pas été sans causer des préoccupations, mais encore pour le dehors. Les renseignements que leur influence sur les membres de leurs corporations respectives leur permettait de recueillir ont, en maintes circonstances, éclairé l'administration sur des menées extérieures qu'elle avait le plus grand intérêt à connaitre.

Le service des amins n'a pas encore perdu son utilité, et je n'hésite pas à vous demander le crédit de 12.000 fr., que je considère comme nécessaire de maintenir, au moins pour l'année 1872.

ART. 2. — *Subventions aux communes pour les dépenses d'assistance musulmane et des écoles musulmanes françaises.*

§ 1er. — Bureau de bienfaisance musulman d'Alger.	103.800 »
§ 2. — Asiles et refuges.	
§ 3. — Bourses d'apprentissage et ouvroirs.	
§ 4. — Ecoles musulmanes françaises.	8.200 »
§ 5. — Ecoles d'adultes.	
Total	114.000 »

Ces crédits sont les mêmes que ceux des années précédentes. Ils figurent au buget, en exécution du décret du 18 août 1868. En remettant à l'autorité municipale les divers services spéciaux d'assistance musulmane, précédemment placés sous la direction immédiate de l'autorité préfectorale, ce décret a disposé qu'il sera pourvu aux dépenses de ces services et à celles des écoles musulmanes françaises et d'adultes, par un prélèvement fait sur les budgets des départements qui continuent à percevoir les revenus des biens des anciennes corporations religieuses dont les produits étaient affectés aux services d'assistance musulmane.

Aux termes du même décret, le total des subventions ainsi allouées ne doit pas dépasser le chiffre des dépenses qui figurait au budget provincial de l'exercice 1867. Ce chiffre était de fr. 130,644 16, et M. le Gouverneur général a fixé en 1868 la subvention départementale à 114,000 fr. en la décomposant comme je propose encore aujourd'hui de le faire.

Art. 3. — *Ecoles musulmanes (m'çaids et m'dersas).*

Loyer d'un immeuble, rue Porte-Neuve, 33.. (Bail du 24 septembre 1863, 3, 6 ou 9 ans.)	708	»
Loyer d'un immeuble, rue Porte-Neuve, 35.. (Bail du 24 septembre 1863 (3, 6 ou 9 ans.)	1.292	»
	2.000	»

Art. 4. — *Culte musulman.*

§ 1er. — Personnel.

Mosquées d'Alger : Rite Maléki.

Grande mosquée Alger..................	12.560	»
Mosquée Sidi Ramdan...................	4.240	»
Mosquée Sidi Abderrahman..............	420	»
Mosquée Sidi M'hammed Chérif.........	300	»
Mosquée Sidi M'hammed ben Abderrahman.	300	»
A reporter.......	17.820	»

Report..........	17.820 »
Mosquées d'Alger : Rite Hanéfi.	
Mosquée Djamâa Djedid (Pêcherie).......	4.600 »
Mosquée Djamâa Safir (rue Kléber).......	4 240 »
Mosquée Sidi Ouali Dada...............	300 »
Mosquée Sidi Brahim de la Marine.......	120 »
Un taleb Iman pour le service de l'hôpital civil de Mustapha et l'asile des vieillards, à 600 fr............................	600 »
Mosquées de Blida :	
Mosquée dite Djamâa Sadoun, rite Malékí..	1.000 »
Mosquée dite Djamâa el Turki, rite Hanéfi.	1.000 »
Mosquées diverses :	
Aumale, 1 desservant..................	420 »
Cherchel, id.	420 »
Coléa, id.	300 »
Dellys, id.	420 »
Médéa, id.	420 »
Miliana, id.	420 »
Ténès, id.	420 »
Indemnités aux desservants dans les agglomérations indigènes.....................	1.200 »
Total du § 1er..........	33.700 »

Les crédits alloués à ce titre sur les budgets antérieurs s'élevaient à la somme de 32,740 fr.

Je propose au Conseil de la porter à 33,700 fr, soit une augmentation de 960 fr. qui n'est, du reste, que fictive. En effet, elle a pour objet de permettre de solder, au titre du personnel, trois agents inférieurs du culte musulman qui, n'étant pas compris dans l'organisation arrêtée par une décision ministérielle en date du 30 avril 1851, reçoivent, depuis cette époque, leur salaire sur les fonds réservés aux subsides pour les anciens serviteurs et tolbas.

Il s'agit : 1° Des aouns du mupbti maléki et du muphti hanéfi, agents particulièrement attachés à la personne du muphti et remplissant dans les cérémonies des fonctions analogues à celles de bedeau, dont l'un touche 480 fr. et l'autre 360 ; 2° Du desservant de la Mosquée Sidi Brahim de la Marine au traitement de 120 fr. par an.

L'imputation du traitement de ces agents sur un fonds de secours est critiquable ; c'est afin de rentrer dans la régularité que je demande l'augmentation nécessaire pour les solder au présent paragraphe.

Par contre, l'allocation figurant à l'art. 5 (secours et subsides) pourra être réduite d'une somme équivalente.

Dans le personnel de la grande mosquée Malékite, j'ai introduit une modification qui réalisera une amélioration dans le service, sans augmentation de dépense.

Le muphti demande avec instance la création d'un emploi de chaal (allumeur), en même temps chargé de la surveillance et de la garde du matériel.

D'un autre côté, le personnel intérieur compte 3 moukats (indicateurs des heures de prière) qui peuvent, sans inconvénient, être réduits à 2, le bach moueddin, dont les attributions ne sont pas nombreuses, pouvant avantageusement remplacer le moukat à supprimer.

Les deux emplois étant pourvus d'une rétribution égale, il ne s'agit, en définitive, que d'une modification d'attributions. Il y serait donc pourvu par la création d'un emploi de chaal, moyennant la suppression de l'un des trois moukats.

Dans ses précédentes sessions, le Conseil général a eu à entendre des observations sur la modicité des traitements attribués aux agents du culte musulman.

Il est évident que le salaire affecté aux emplois inférieurs étant resté le même depuis l'origine, il se trouve aujourd'hui tout à fait sans proportions avec les besoins de la vie. Il est à considérer, toutefois, que le nombre de ces emplois est tel qu'il faudrait une somme importante pour les élever tous à des taux sortables.

La réclamation présentée en faveur de ce personnel ne s'applique pas d'ailleurs au même degré à tous ceux qui le composent.

Ainsi, en ce qui concerne les Hezzabs (lecteurs du Coran), les Moueddins (crieurs), les Mouakats (indicateurs de l'heure de la prière), les Nas-el-Heudour (assistants à la lecture des commentaires du Coran), il est difficile de les considérer comme remplissant un emploi comportant ce que l'on appelle un traitement devant assurer l'existence du titulaire.

Le peu de temps qu'ils ont à consacrer à leur tâche respective leur laisse toute latitude pour s'occuper journellement, car beaucoup d'entre eux sont commerçants ou artisans. La rémunération dont ils sont en possession doit donc être considérée comme indemnité et rester en harmonie avec les services rendus.

La décision ministérielle, mentionnée ci-dessus, a réglementé la classification des mosquées, déterminé le personnel qui doit les desservir et réglé le traitement afférent à chaque emploi.

Ce règlement paraît devoir être révisé, et une réorganisation générale paraîtrait nécessaire. Elle permettrait seule de donner satisfaction aux besoins réels du service des mosquées ainsi qu'aux réclamations dont la légitimité serait reconnue.

A cette occasion, je dois vous faire connaître que, dès l'institution des Conseils généraux en Algérie, ces assemblées ont demandé la création d'un consistoire musulman à Alger. Cette question touche à des intérêts d'une haute importance; elle a fait l'objet d'une étude attentive de la part de l'autorité préfectorale qui a formulé des propositions non seulement pour la création d'un consistoire, mais encore en vue de l'organisation auprès des mosquées de conseils analogues aux conseils de fabrique

Provisoirement, il a été pourvu à la situation par cette autorité, au moyen d'une commission chargée de diriger l'administration et la surveillance des mosquées. Cette commission se compose, sous la présidence d'un conseiller de Préfecture, des deux muphtis d'Alger et de trois musulmans étrangers au service du culte.

§ 2. — Matériel et frais de culte :

Alger. — Grande mosquée	7.000	»
4 mosquées hanéfites	2.400	»
17 établissements secondaires	1.700	»
Aumale	500	»
Blida	1.000	»
Cherchel	500	»
Coléa	250	»
Dellys	500	»
Kouba. — Location d'un immeuble pour mosquée (bail du 28 juillet 1864, 3, 6 ou 9 ans. Echéance : 31 juillet 1873)	250	»
Médéa	500	»
Miliana	500	»
A reporter	15.100	»

Report.......... 18.100 »
Ténès.............................. 400 »
Marabouts et zaouias dans les agglomérations indigènes.......................... 100 »

Total du § 2...... 18.600 »

La pénurie du budget a fait réduire à 18.600 fr. ce crédit qui était de 19.180 fr. en 1869. Le service aurait à souffrir d'une nouvelle réduction, je ne puis donc que vous demander le maintien de la somme inscrite en 1871.

ART. 8. — *Fêtes musulmanes. Secours et subsides.*

§ 1er. — Secours et subsides à d'anciens tolbas et anciens serviteurs.............................. 16.700 »

Lors de la suppression du budget local et municipal, cette dépense a été mise à la charge du département, lequel héritait, par contre, des produits à provenir des biens des anciennes corporations, qui fournissaient originairement aux besoins du culte musulman et de l'assistance musulmane.

Cette disposition a, depuis, été confirmée par les instructions du Gouverneur général, en date du 18 septembre 1868, relatives à l'exécution du décret du 18 août, même année, sur l'administration des indigènes.

Les secours et subsides étaient, dans le principe, accordés par décisions du Ministre de la guerre, soit aux anciens serviteurs de la Régence qui avaient continué à servir sous le Gouvernement français, à titre de tolbas, de chaouchs, de khodjas, d'interprètes, etc., dans les mosquées ou dans les administrations, soit aux individus servant dans les corps de troupes indigènes et ne réunissant pas les conditions voulues pour obtenir une pension de retraite.

Ces secours semblaient destinés à disparaître par extinctions; mais, par le fait, on a remplacé les anciennes parties prenantes au fur et à mesure qu'elles disparaissaient, par de nouveaux titulaires dont la situation présentait des analogies avec celle des premiers.

C'est ainsi qu'on voit aujourd'hui figurer parmi les attributaires quelques anciens agents, licenciés à la suite de la suppression du bureau arabe départemental.

L'état de distribution de ces subsides doit être soumis à révision. Déjà, j'en ai éliminé trois agents inférieurs des mosquées, pour comprendre à l'article concernant le personnel du culte musulman, les sommes qui leur étaient attribuées et qui, par le fait, formaient un véritable traitement.

Je me dispose également à signaler à l'autorité supérieure les anciens militaires ou leurs veuves qui me paraissent devoir être secourus par le budget de la guerre.

Sous réserve de la décision à intervenir, concernant ces derniers, et sous réserve aussi du remaniement de l'état d'attribution des subsides, je vous propose de maintenir pour 1872 le même crédit que les années précédentes, défalcation faite des 900 fr. pour traitement de 3 agents du culte dont j'ai parlé plus haut, soit 16.700 fr. (chiffre rond).

§ 2. — Distributions spéciales à l'occasion des fêtes musulmanes.

Alger	500 »
Autres localités	500 »
Total du § 2	1.000 »

Ce crédit est destiné à être distribué en secours en nature aux indigènes à l'occasion des fêtes musulmanes. Il se justifie par le caractère même de son affectation.

Il était, en 1866, de 1,800 fr. ; mais, par suite de la pénurie du budget, il fut réduit en 1867 à 1,200 fr., et en 1870 à 1,000 fr.

Je propose de maintenir le même crédit qu'en 1870.

SECTION III.

DÉPENSES EXTRAORDINAIRES ET FACULTATIVES

Chapitre Ier.

FRAIS DE PERCEPTION DES REVENUS DÉPARTEMENTAUX

L'inscription d'un crédit à ce titre est subordonnée aux résolutions qui seront prises pour la perception des centimes additionnels destinés à fournir au département les ressources propres qui lui font aujourd'hui défaut. (Voir à la section des recettes, article 3.)

Chapitre II

ADMINISTRATION.

Art. 1er. — *Subventions. Subsides. Indemnités.*

§ 1er. — Subvention à la cathédrale .... » »

L'article 106 de la loi du 30 décembre 1809 dispose que les départements compris dans un diocèse, sont tenus envers la fabrique de la cathédrale, aux mêmes obligations que les communes, vis à vis des paroisses.

Mgr l'archevêque m'ayant fait connaître qu'il renonçait pour 1872, à recourir à cette subvention qui était créditée au chiffre de 2,250 fr. dans les précédents budgets, je n'ai pas eu à porter ici de prévision de dépense.

§ 2. — Indemnité de logement à 6 chanoines 3.600 »

Par suite de la démolition, en 1857, par mesure de voirie, de la maison dite *des chanoines*, annexée au bâtiment de l'évêché et affectée depuis 1838 au logement du chapitre, M. le Ministre de la guerre alloua, par décision du 21 avril 1857 une indemnité de 3.000 fr., partageable à raison de 600 fr., entre 5 chanoines, et qui fut inscrite au budget local et municipal. Le budget provincial accepta ensuite cette charge et un crédit de 3,600 fr., fut inscrit comme dépense facultative au budget de 1859.

Cette allocation a été votée chaque année jusques et y compris 1870. Le budget de 1871, établi en l'absence du Conseil général, négligea cette indemnité, mais sur la réclamation de MM. les chanoines, M. le Gouverneur général le rétablit d'office, afin que rien ne fût changé dans un budget préparé dans des conditions anormales, et que la question vous parvînt tout entière. Il vous appartient, en effet, d'examiner si le bénéfice du logement alloué dès la première heure de la conquête, à MM. les chanoines, d'abord en nature, puis en indemnité compensatrice, ne doit pas être maintenu. Les raisons d'équité et de convenance semblent, à vrai dire, prononcer en faveur du maintien. Dans la confiance que vous apprécierez la situation comme je le fais, je n'ai pas hésité à faire figurer dans mes propositions le chiffre de l'indemnité représentative d'un avantage dont MM. les chanoines ont toujours été en possession.

ART. 2. — *Frais de publication des délibérations du Conseil général* .... 1.600 »

Les dépenses auxquelles le crédit est destiné, peuvent se détailler comme il suit :

1° Volume des procès-verbaux des délibérations contenant l'exposé du préfet, avec un tirage spécial de cet exposé, pour être distribué à chaque conseiller avant l'ouverture des séances .... 1.270 »

Ce prix ressort de la moyenne des frais de l'espèce depuis 1865. Il correspond à un volume de 33 pages, sauf augmentation du prix du papier.

2° Gratification spéciale à l'employé chargé de surveiller l'impression du volume, d'en revoir les épreuves, confectionner la table, etc. 150 »

3° Travaux extraordinaires des copistes chargés d'expédier d'urgence les copies destinées à être envoyées aux journaux pour la publication journalière des séances, si le conseil en décide .... 150 »

Total............ 1.570 »

J'estime, réserve faite des décisions auxquelles vous vous arrêterez pour la publicité de vos délibérations, qu'il suffira d'une somme de 1,600 fr. à ce titre.

Art. 3. — *Fêtes publiques et nationales.*

§ 1er. — Illumination des édifices départementaux.. .... 1.800

§ 2. — Illumination de l'hôtel du général administrateur .... 200 »

ART. 4. — *Assurances des bâtiments et mobiliers départementaux contre les risques de l'incendie*... 2.069 »

Le crédit demandé se décompose de la manière suivante :

1° Compagnie *la Providence*, pour un capital de 710,000 fr. sur les livres de la Bibliothèque d'Alger (Police du 14 juin 1869, expirant le 1er janvier 1874)........................	469 80
2° Compagnie d'*Assurances générales*, pour un capital de 800,000 fr. sur 20 immeubles (Police du 3 décembre 1866, expirant le 1er janvier 1877)........................	416 »
3° Compagnie *le Monde*, pour un capital de 400,000 fr. sur 15 immeubles (Police du 8 décembre 1866, expirant le 1er janvier 1877)...	208 »
4° Compagnie *la Nationale*, pour un capital de 775,000 fr. sur 30 immeubles (Police du 3 décembre 1866, expirant le 1er janvier 1877).	403 »
5° Compagnie *la Paternelle*, pour un capital de 612,100 fr. sur le mobilier départemental (Police du 10 décembre 1866, expirant le 1er janvier 1877)........................	391 75
6° Compagnie *l'Union*, pour un capital de 347,000 sur 13 immeubles (Police du 10 décembre 1866, expirant le 1er janvier 1877)...	180 44
Total..........	2.068 99

ART. 5. — *Dépenses diverses.*

§ 1er. — Eclairage extérieur de l'hôtel de la Préfecture et de l'hôtel du Général administrateur........ 1.200 »

Il n'y a pas lieu de modifier le crédit inscrit au budget précédent.

§ 2. — Matériel de casernement pour la gendarmerie » »

C'est dans le budget de 1861 que figure, pour la première fois, un crédit de 500 fr. pour achat de matériel d'écurie : pelles, fourches, seaux, etc. Ce matériel est renouvelé dans les casernes de gendarmerie, en France, au moyen du produit des fumiers ; mais la valeur des fumiers, en Afrique, étant moindre, on eut l'idée de suppléer à l'insuffisance de cette ressource par une subvention spéciale. Cette subvention, réduite depuis au chiffre de 300 fr., paraît pouvoir être supprimée sans inconvénient, attendu qu'il n'en a jamais été fait usage.

Chapitre III.

ASSISTANCE PUBLIQUE

ART. 1er. — *Subventions aux institutions de bienfaisance dans le but d'arriver à l'extinction de la mendicité.* » »

Dans ses sessions de 1866 et 1869, le Conseil général s'est occupé du projet de création d'un dépôt de mendicité. Mais les combinaisons proposées à ce sujet exigent toutes des dépenses considérables auxquelles le budget départemental ne saurait faire face dans l'état actuel de ses ressources. C'est donc une question qui doit être forcément ajournée.

ART. 2. — *Secours à d'anciens employés des services départementaux et à leurs veuves...* .... » »

Cet article a été crédité jusqu'en 1867, époque à laquelle

il a dû disparaître devant l'impérieuse nécessité qui réclamait de notables économies sur tous les points.

Je ne puis que laisser au Conseil le soin d'apprécier s'il est possible de rétablir une allocation sans laquelle l'autorité est impuissante à soulager d'anciens agents de l'administration départementale hors d'état de continuer leurs services et qui, n'ayant pas de retraite, sont souvent dans une situation trop voisine de la misère.

ART. 3. — *Entretien de jeunes aveugles ou sourds-muets dans les établissements spéciaux*............. » »

Les Conseils généraux n'ont voté, à ce titre, que des allocations peu importantes, s'appliquant aux frais de trousseau d'élèves admis dans les institutions nationales au compte de l'Etat. Actuellement, le département n'a plus même d'engagement de cette nature à l'égard des sourds-muets ou jeunes aveugles qui jouissent de bourses dans ces établissements. Le Conseil général appréciera, après avoir pris connaissance du rapport spécial que je lui soumettrai sur cette question, si l'état des finances du département permet, soit de subventionner des sourds-muets ou jeunes aveugles dans les hospices de la métropole, soit d'encourager la création d'une institution de cette nature dans le pays, conformément au vœu plusieurs fois émis dans les sessions précédentes.

ART. 4. — *Subventions de bienfaisance* . . . 1 260 »

§ 1. — Entretien des jeunes filles placées à l'établissement du Bon-Pasteur....................... » »

Comme les maisons de Filles-Dieu, l'établissement du Bon-Pasteur est, en quelque sorte, un établissement d'ordre public nécessaire dans les grandes villes ; une espèce de maison de pénitence, mise à la disposition des familles qui sont dans l'affligeante obligation d'y avoir recours pour les filles qui dénotent de trop mauvais penchants.

A ce titre, les Conseils généraux qui se sont succédé lui ont toujours accordé une subvention fixe, dont le chiffre est resté invariablement fixé à 7.000 fr., depuis 1862 jusqu'à l'année dernière, où le budget ayant été réglé d'office, l'allocation a été réduite à 3.000 fr.

Cet établissement renferme un pensionnat parfaitement distinct des quartiers affectés aux repenties. L'administration préfectorale, dans le but d'utiliser ladite subvention, plaçait dans ce pensionnat les jeunes filles dont l'admission était sollicitée par les familles nécessiteuses, hors d'état de pourvoir à l'éducation de leurs enfants, ainsi que celles qui, se trouvant abandonnées, n'étaient cependant pas en situation d'être réglementairement admises à l'orphelinat. Le caractère de cette subvention s'étant modifié, la Préfecture dut renoncer à ce système d'admissions exceptionnelles, quelque secourable qu'il fût pour les familles pauvres. Elle s'attacha même à supprimer progressivement les bourses existantes, de façon à arriver à une extinction complète. On peut dire que l'on touche au résultat, puisque le nombre des enfants ainsi entretenues, qui s'est élevé à 30, n'est plus aujourd'hui que de 7. Quatre sont infirmes de corps ou d'esprit, les 3 trois autres figuraient dans la catégorie des enfants à l'état d'abandon, et leurs parents n'ont pu être retrouvés.

Par le fait, si les 4 premières étaient placées dans un hospice, elles entraîneraient une dépense plus élevée qu'au Bon-Pasteur, où elles ne coûtent que 180 fr. par an, l'une ; quant aux trois autres, il n'y a pas d'inconvénient à les laisser dans un établissement auquel elles sont habituées, jusqu'au jour où l'on sera sur les traces de leur famille.

Je suis ainsi conduit à vous proposer d'inscrire au présent paragraphe une somme de 1,260 fr. seulement, qui suffira pour solder la dépense de ces 7 pensionnaires.

L'établissement du Bon-Pasteur est appelé, en outre, à recevoir dans des cas, du reste très rares, les orphelines à la charge du département, dont les mauvais instincts restent incorrigibles ; mais il n'est pas nécessaire de prévoir de crédit à cet égard, puisque la dépense résultant de ces admissions exceptionnelles et temporaires, peut continuer à figurer sur les décomptes de l'orphelinat dont dépendent ces pensionnaires de circonstance.

§ 2. — Secours à l'orphélinat de Dalmatie... 1.200 »

Cet établissement a été fondé il y a une vingtaine d'années, avec les dons de la charité privée, en vue de recueillir les jeunes filles qui, n'étant orphelines que de père ou de mère, ne sont pas dans le cas d'être admises dans les orphelinats du département et qui, abandonnées, se trouveraient dans une position de fortune ou de famille périlleuse pour leur avenir.

L'orphelinat de Dalmatie soulage, par le fait, les charges de l'assistance publique ; aussi les Conseils généraux qui vous ont précédés sont-ils venus à son aide en ajoutant, par une subvention, au concours de la charité privée, dont les dons devenaient insuffisants.

En raison des services rendus par cet établissement, je vous propose de maintenir le crédit des années précédentes.

§ 3. — Secours aux sœurs garde-malades, dites du Bon-Secours, à Alger.......................... 1.000 »

Cette œuvre qui date d'une dixaine d'années, fonctionne à Alger et dans la banlieue, soit à titre gratuit chez les indigents, soit à titre onéreux chez les personnes qui peuvent payer une rétribution. En multipliant le traitement des malades à domicile, elle doit diminuer le nombre des admissions dans les hôpitaux ; il convient donc de continuer à favoriser son développement.

En conséquence, je propose de maintenir le crédit de 1.000 fr. qui a été voté depuis 1862.

§ 4. — Secours aux sœurs, dites Petites sœurs des pauvres .... 500 »

La congrégation des Petites sœurs des pauvres, autorisée par le décret du 9 janvier 1856, et dont la maison-mère est établie à la tour Saint-Joseph-en-Perne (Ille-et-Vilaine), a fondé, en 1868, à la Bouzaréa, un hospice destiné à recevoir les vieillards indigents des deux sexes, du département d'Alger.

Cet établissement renferme une centaine de vieillards. La propriété sur laquelle il est situé, provient d'une donation de Mgr Lavigerie, qui a fait de cette affectation une condition de sa libéralité. Une instruction régulière est ouverte en vue de faire autoriser l'acceptation de la donation et de faire admettre l'établissement de la Bouzaréa au bénéfice de la reconnaissance légale.

L'asile ouvert par les Petites sœurs des pauvres apporte un allègement notable à nos charges d'assistance publique, puisqu'il donne refuge à une centaine de vieillards que nous serions obligés d'assister, sinon même de placer dans les hospices départementaux. Il mérite donc, à tous égards, d'être encouragé; c'est pourquoi je vous propose de maintenir la minime subvention qui est attribuée depuis deux ans à ses fondatrices.

A cette occasion, je dois vous entretenir d'une proposition qui se présente. Les Petites sœurs des pauvres offrent de prendre à leur charge, l'entretien de 30 vieillards de l'asile de Douéra, à la condition que le département fasse les frais de la construction d'un bâtiment qu'il s'agirait d'annexer à l'établissement de la Bouzaréa, pour recevoir 30 lits supplémentaires.

D'après un premier aperçu, cette construction exigerait une somme de 17.000 fr. environ. Il vous appartient d'examiner cette proposition que je joins au dossier.

§ 5. — Subvention à l'hôpital de l'Alma . . . 6.500 »

L'historique de cet hôpital a été soumis au Conseil général dans sa session de 1870.

Je me bornerai à en reproduire ici le résumé.

En 1860, une ambulance fut créée à l'Alma pour recevoir provisoirement les malades de cette partie de la plaine, et notoirement les femmes et les enfants. Les malades qui ne pouvaient supporter le transport de l'Alma à l'hôpital civil de Mustapha, devaient seuls être admis à cette ambulance pour y recevoir les premiers soins jusqu'au moment de leur translation possible.

Les frais généraux étant hors de proportion avec le nombre de malades traités, la journée d'hôpital ressortait à 12 fr. 60 c.

En présence de ce résultat, le Préfet décida que pour mieux utiliser cet établissement, on y admettrait non-seulement les malades qui ne seraient pas en état de supporter le transport à Mustapha, mais encore les colons et les ouvriers atteints de maladies qui n'exigeraient que quelques jours de traitement.

Cette nouvelle mesure eut pour effet d'abaisser le prix des journées de malades de 12 fr. 60 c. à 4 fr. 32 c.

Les sacrifices restant encore trop considérables, l'autorité préfectorale proposa la suppression de cet établissement hospitalier, et dans sa session de 1863, le Conseil général donnant son assentiment à cette mesure, supprima toute allocation au budget de 1864.

A la suite de cette décision, la commune de l'Alma s'offrit à supporter la dépense de l'hospice dont il s'agit, qui rendait des services réels à ses habitants. L'ambulance prit, dès lors, le caractère d'établissement communal.

Mais le Conseil municipal ne tarda pas à reconnaître que cette charge était trop lourde pour son budget et, par délibération du 21 août 1864, il sollicita une subvention temporaire de 3.000 fr., faute de quoi l'ambulance serait supprimée.

Cette demande fut satisfaite au moyen d'une allocation accordée par M. le Gouverneur général sur le fonds commun.

Le Conseil général prenant ensuite la nouvelle situation en considération, inscrivit à la section III du budget de 1866, la subvention de 3.000 fr. qui y est restée permanente, puisqu'elle y figure encore aujourd'hui.

Ce concours, toutefois, ne devait pas tarder à devenir insuffisant, et nous voyons aujourd'hui le Conseil municipal de la commune de l'Alma, réclamer pour ladite ambulance qui est, à cette heure, devenue un petit hôpital, l'application du régime qui découle, pour les hôpitaux de la province, du décret du 27 octobre 1858.

Par une première délibération en date du 20 novembre 1870, cette assemblée exposait qu'il était impossible de maintenir l'établissement, si le département ne supportait, comme pour les autres hôpitaux, les 4/5e de ses dépenses, évaluées à 6.800 fr., c'était une augmentation de subvention de 3.800 fr.

Mon prédécesseur dut faire remarquer que la subvention figurant à la section des dépenses extraordinaires et facultatives, elle ne pouvait être augmentée sans l'autorisation du Conseil général.

Considérant cette réponse comme un refus, le conseil municipal, par une seconde délibération, en date du 18 décembre 1870, résolut la suppression en principe, tout en disposant, en raison des inconvénients d'une exécution immédiate, que l'admission des malades serait désormais restreinte à ceux qui ne pourraient supporter le voyage; tous les autres devant être dirigés sur l'hôpital de Mustapha, à partir du 1er janvier 1871.

A tout prendre, il me paraît difficile de repousser cette réclamation. On ne peut méconnaître l'utilité d'un établissement hospitalier dans la partie ouest de la Mitidja; les services rendus par celui dont nous nous occupons ont été appréciés plus d'une fois, et notamment lorsque nos colonnes agissaient contre l'insurrection.

Cette utilité s'accusera davantage encore du jour où la plaine des Issers aura été livrée à la colonisation.

Il faut reconnaître, en outre, que le transport serait très-préjudiciable aux malades, qu'il augmenterait encore l'encombrement de l'hôpital de Mustapha, et, qu'en somme, le département doit plutôt trouver des avantages à faire traiter les malades sur place.

L'hôpital de l'Alma, administré par la municipalité, réalise du reste, l'organisation qu'il me paraît désirable de généraliser.

Je serai ainsi conduit à conclure dans un sens plus absolu encore que ne le demande le conseil municipal, et par les considérations qui précèdent, je serais tenté de vous proposer, au lieu d'accorder une subvention fixe, au titre de la section III, de prévoir à la section II (dépenses obligatoires, chapitre III, *hôpitaux et hospices*), un crédit destiné à rembourser à la commune les 4/5 des frais de traitement des malades admis dans cet hôpital.

Mais, cette disposition serait en contradiction avec le projet de réorganisation générale que je soumets à votre examen pour la question d'hospitalisation.

Il convient donc, pour ne pas préjuger de votre décision sur ce projet, de ne pas innover en ce qui concerne l'Alma, et je me borne à vous proposer de faire provisoirement droit à la requête du conseil municipal de cette commune, en lui concédant pour l'année 1872, l'augmentation de subvention qu'il réclame.

Si vous acceptez cette proposition, le chiffre de cette subvention serait porté de 3,000 à 6,500 fr., somme que j'ai cru devoir éventuellement inscrire dans mon projet de budget.

Pour vous éclairer complètement sur l'importance de l'hôpital de l'Alma, je place sous vos yeux le mouvement de ses malades pendant l'année 1869-1870 et 1870-1871.

		1869-70	1870-71
	Restant le 1er juillet...	13	8
	Entrées....	434	501
	Total des malades......	447	502
	Décès	24	18
	Reste......	423	494
	Restant le 30 juin.....	8	18
Journées d'hôpital.	Européens......	4.112	3.082
	Indigènes	358	478
	Totaux......	4.470	3.560

ART. 5. — *Acquisitions ou dotations intéressant les établissements hospitaliers*.............................. » »

Nous n'avons rien à prévoir à cet article, par la double raison, d'une part, que les établissements hospitaliers sont actuellement à la charge du département ; et de l'autre, que la situation fût-elle modifiée sous ce rapport, le budget serait hors d'état de s'imposer des sacrifices de la nature de ceux dont il est question sous cette rubrique.

Chapitre IV

TRAVAUX

Art. 1er. — *Construction des routes à la charge du département et des ouvrages d'art qui en dépendent*.. . . » »

Les crédits demandés à ce titre par M. l'Ingénieur en chef de la circonscription d'Alger, s'élèvent à la somme totale de 234,000 fr. En voici le détail, avec l'indication sommaire des travaux auxquels ils s'appliquent, savoir :

Pont sur le Sebaou (route départementale n° 1, d'Alger à Dellys)...................	24.000	»
Pont sur le Mazafran (route départementale n° 5, d'Alger à Coléa)...................	30.000	»
Route départementale n° 7, de Blida à l'Alma (ouverture de la partie comprise entre le Fondouck et l'Alma).....................	100.000	»
Pont de Mimouch (chemin vicinal de grande communication n° 1)...............	80.000	»
Total.........	234.000	»

L'insuffisance des ressources départementales ne permettant pas de classer ces travaux à la section 3, j'ai cru devoir les comprendre dans les propositions présentées au titre de la section 4 (dépenses spéciales), où, à mon sens, ils doivent trouver place, puisque c'est à cette section que le Conseil général sera appelé à déterminer l'emploi à faire des reliquats disponibles des subventions qui ont été allouées par l'État au département jusqu'en 1870, sur l'emprunt de cent millions.

ART. 2. — *Construction de bâtiments affectés aux préfecture, sous-préfectures et commissariats civils*. . » »

ART. 3. — *Construction de tribunaux*......... » »

ART. 4. — *Construction de casernes de gendarmerie*.................................. » »

ART. 5. — *Construction de prisons.*

Je ne crois pas avoir besoin d'insister sur l'urgence de la construction d'une maison d'arrêt à Blida, urgence que j'ai déjà eu l'occasion de signaler dans cet exposé.

Un traité avait été passé avec un entrepreneur, le sieur Condamine, qui s'engageait à construire une prison, moyennant un prix à forfait, dont le remboursement devait s'effectuer par annuités ; mais le Conseil d'État a refusé de sanctionner ce traité et les choses ont continué à demeurer dans le même provisoire.

Dans les anciens locaux servant de prison à Blida, et qui se composent de deux maisons mauresques, on a conservé le logement du Gardien-chef, le Greffe, un local pour les incarcérations urgentes et pour les prévenus à l'instruction. Les prisonniers sont envoyés à l'annexe d'El-Affroun.

Enfin on a installé dans le quartier de l'Oued-el-Kebir une infirmerie qui reçoit les détenus de la Maison centrale de l'Harrach détachés sur les chantiers extérieurs en même temps que ceux de la prison de Blida.

Ces combinaisons n'ont pas remédié à l'insuffisance de l'installation actuelle, elles laissent beaucoup à désirer à divers égards, et, ainsi qu'il est dit à l'*art. 5 du Chapitre 2, section 2 (casernement de la gendarmerie)*, l'administration compte utiliser la partie de la caserne de gendarmerie de Blida qui excède les besoins des brigades aujourd'hui réduites.

L'installation de cette nouvelle annexe permettra d'attendre, dans de bonnes conditions, la construction d'une prison, pour laquelle je n'aurais pas hésité à vous proposer l'inscription d'un crédit au titre du présent article, si la pénurie des ressources départementales ne s'y était opposée.

Toutefois, le projet Condamine dont il vient d'être question, vous sera communiqué.

Art. 6. — *Construction de tout autre batiment à la charge du département*...................... » »

Art. 7. — *Part contributive dans les travaux de dessèchement*.................................. » »

Art. 8. — *Part contributive dans les travaux d'endiguement et d'irrigation*........................ » »

Art. 9. — *Subventions aux communes pour entretien des chemins vicinaux de grande communication.* 97,200 »

En présence de la situation financière du département, M. l'Ingénieur en chef de la 1re circonscription se borne à demander un crédit de 65,000 fr. comme en 1871.

Cependant, ajoute-t-il, il ne faut pas l'oublier, ce crédit est très notablement insuffisant.

Il résulte en effet d'une nouvelle étude faite en vue de l'application de l'article 13 du décret du 5 juillet 1854, que les sommes ci-après indiquées sont indispensables pour assurer le service d'entretien des chemins vicinaux de grande communication de la circonscription d'Alger :

DÉSIGNATION DES CHEMINS	LONGUEURS OUVERTES			CRÉDITS DEMANDÉS	OBSERVATIONS
	avec CHAUSSÉE	à l'état DE PISTE	TOTALES		
	mètres.	mètres.	mètres.	francs.	
Chemin de grde com, n° 1 diamétral	17.469	»	17.469	18.500	(a) Indépendamment du crédit de 17,000 fr., un autre de 12,000 fr. serait indispensable pour faire face à l'usure exceptionnelle du chemin n° 3, sur le territoire des communes d'Alger et de Saint-Eugène, usure qui résulte du grand nombre de voitures circulant entre ces deux points et qui doit demeurer à la charge exclusive de ces communes.
— n° 2 du pied du Sahel	69.362(b)	»	69.362	28.500	
— n° 3 d'Alger à Tipaza	34.409	23.822	58.231	17.400(a)	
— n° 4 de la Maison-Carrée à Coléa	20.750	»	20.750	10.000	
— n° 5 de la Maison-Carrée à l'Arba	16.430	»	16.430	10.600	
— n° 6 d'Alger à Rovigo	6.830	3.000	9.830	2.400	
— n° 7 de Boufarik à Souma	7.000	»	7.000	4.000	
— n° 8 de Dellys à Tizi-Ouzou	10.000	10.000	20.000	2.000	
— n° 9 d'Aumale à Sétif	800	5.600	6.400	1.600	
— n° 10 d'Orléansville à Ténès	»	»	»	800	
— n° 11 de Cherchel à Miliana	1.880	1.620	3.500	800	(b) Cette longueur comprend celle de l'embranchement du chemin de grande communication n° 2 sur Bourkika, qui est de 6,314 mètres.
— n° 12 de Cherchel à Ténès	6.994	5.727	12.721	[illegible].500	
— n° 14 d'Alger au Fondouck	14.500	»	14.500	9.000	
Totaux	236.424	49.769	286.193	107.800	

Le Conseil général examinera dans quelles mesures les communes intéressées devraient concourir aux dépenses d'entretien des chemins vicinaux de grande communication, par prélèvement sur le produit des journées de prestations, dont 2/3 doivent, *de droit,* être affectés à ce service. Si on persiste à laisser exclusivement, ou presque exclusivement à la charge du département des travaux qu'il a seulement mission de subventionner, et si le crédit n'est pas porté à 107,800 fr., on arrivera rapidement à la ruine des chemins vicinaux de grande communication.

M. l'Ingénieur en chef de la deuxième circonscription demande également, de son côté, pour la partie du chemin de grande communication n° 10, d'Orléansville à Teniet-el-Hâad, comprise dans son arrondissement, le même crédit de 800 fr. que l'année dernière, soit, pour les deux circonscriptions, 66,000 fr.

Quant au service du génie, il réclame un crédit de 30,000 francs dont il indique l'emploi ainsi qu'il suit :

Le chemin n° 10, d'Orléansville à Teniet-el-Hâad, est ouvert sur 30 kilomètres en territoire militaire et exigerait un minimum d'entretien de: .... 15.000 »

Le chemin n° 11 est terminé sur 8 kilomètres seulement ; il faudrait 4,000 fr. pour l'entretien de ce parcours et 1,000 fr. pour la viabilité du sentier de prolongement, en tout.... 5.000 »

Le chemin n° 13, de Dra-el-Mizan aux Issers, qui est d'une grande importance, ne compte que 3 kilomètres achevés réclamant 1,500 fr. d'entretien. On estime à 8,500 fr. au

A reporter....... 20.000 »

Report..........	20.000	»
moins la somme nécessaire pour assurer la viabilité dans le reste du parcours, soit......	10.000	»
Ensemble....	30.000	»

C'est donc pour les travaux un chiffre de 96,000 fr. auquel il faut ajouter une somme de 1,200 fr. pour les indemnités proportionnelles aux agents des Ponts-et-Chaussées.

Les propositions indiquées ci-dessus me paraissant suffisamment justifiées, je vous demanderai de fixer à 97,200 fr. le crédit destiné à subventionner les travaux de construction des chemins vicinaux de grande communication.

Art. 10. — *Subvention aux communes pour constructions ou grosses réparations d'églises, presbytères, etc*.............................. » »

Art. 11. — *Concours aux dépenses des opérations topographiques et des mesures de cantonnements dans l'intérêt de la colonisation*.................. » »

Art. 12. — *Primes, subventions des garanties d'intérêts accordées à des compagnies, à des associations ou à des particuliers, pour l'exécution des grands travaux d'utilité générale ou départementale*........ » »

Art. 13. — *Indemnités proportionnelles aux agents des Bâtiments civils*.............. .... » »

Chapitre V

PRIMES, SUBVENTIONS, ENCOURAGEMENTS.

Art. 1er. — *Primes à distribuer lors des expositions. Achats des médailles*.............................. » »

Les ressources du budget ne permettent pas de réserver des crédits à cet effet.

Les expositions ont au surplus été provisoirement supprimées.

Art. 2. — *Subventions pour courses de chevaux.* » »

Allocation supprimée en raison de l'insuffisance des ressources.

Les courses n'ont d'ailleurs pas eu lieu en 1870 ni en 1871.

Art. 3. — *Subventions aux communes pour établissement de pompes à incendie*.......................... » »

Art. 4. — *Subventions aux théâtres, autres que celui d'Alger*...................................... » »

La situation est trop peu favorable pour que j'aie pu songer à vous proposer de voter un crédit pour ces sortes de subventions.

Art. 5. — *Restauration des monuments historiques et recherches archéologiques.*

Indemnité au gardien du tombeau de la Chrétienne 180 »

On a reconnu la nécessité de fermer les portes de ce monument et d'en confier la clé à un colon qui habite dans le voisinage.

C'est pour rémunérer ce colon des déplacements gênants que réclament de lui les touristes désireux de visiter l'intérieur du tombeau de la Chrétienne, qu'on lui a alloué l'indemnité annuelle de 180 fr.

Tout en conservant l'allocation votée par le Conseil en

1869 et maintenue au budget de 1871, je me pose la question de savoir s'il incombe au département de pourvoir à cette indemnité. Ce qui touche à la conservation des monuments historiques appartient, en effet, au Ministère de l'instruction publique. Est-ce, dans l'espèce, l'intérêt de la conservation qui est en jeu, ou doit-on simplement y voir un avantage à faire par le département aux amateurs qui dans un but de science ou de curiosité veulent pénétrer dans le monument. Vous déciderez la question par le maintien ou la suppression de la somme que j'inscris ici éventuellement.

ART. 6. — *Entretien de bourses ou fractions de bourses.*

§ 1er. — A l'école préparatoire de médecine et de pharmacie d'Alger .... » »

§ 2. — Au lycée d'Alger.................. » »

Anciennes bourses au collége arabe-français ... 5.800 »

Un arrêté du Gouverneur général du 4 juillet 1863, a réparti entre les trois départements de l'Algérie, proportionnellement à la population indigène, 32 bourses ou fractions de bourses au collége arabe-français d'Alger. La part du département d'Alger a été fixée à 5.800 fr., représentant 3 bourses entières, 3 trois-quarts de bourses et 4 demi-bourses. Cette allocation a été admise par le Conseil général dans la session de 1863, et a été depuis votée chaque année.

Par suite de la récente suppression du collége arabe français, les élèves de cet établissement ont été placés au lycée d'Alger. Ils paraissent devoir continuer, naturellement, à bénéficier des bourses entières ou des fractions de bourses qui leur avaient été accordées. Aussi ai-je compris au titre du § 2, *Lycée d'Alger*, la somme de 5.800 fr. qui était allouée précédemment au § 3, *Collége arabe*, lequel doit disparaître.

§ 3. — Aux écoles d'Arts-et-Métiers......... » »

Une subvention de 2.000 fr. était inscrite aux précédents budgets pour l'entretien d'élèves français boursiers à l'école de Fort-National. Cette école est aujourd'hui supprimée.

§ 4. Aux instituts agricoles............... » »

Si la situation du budget était autre, j'étendrais mes propositions aux bourses de l'espèce; il n'y aurait qu'avantage à envoyer quelques jeunes gens de la colonie étudier auprès des instituts agricoles les méthodes perfectionnées de culture pour les approprier ensuite aux conditions particulières de notre sol.

§ 5. Aux écoles vétérinaires d'Alfort, de Lyon et de Toulouse.............................. » »

Je m'abstiens pour le même motif de demander un crédit à ce paragraphe qui, du reste, non plus que le précédent, n'a jamais été doté sur les budgets antérieurs.

§ 6. A l'école normale primaire........... 3.600 »

Cette subvention de 3,600 fr, pour entretien de six boursiers à l'Ecole normale primaire, fut inscrite pour la première fois au budget provincial de 1865.

Elle y a toujours été conservée depuis, et je ne doute pas que vous ne la mainteniez, en considérant les utiles services d'un établissement qui fournit à l'Algérie des sujets pour la direction de ses écoles primaires.

ART. 7. — *Entretien d'élèves sages-femmes à la Maternité de Paris*.............................. » »

Art. 8. — *Gratifications pour belles actions et actes de dévouement aux Européens et aux indigènes.* » »

Il existait autrefois à ce titre un crédit qui, en 1867, s'élevait encore à la somme de 1.000 fr. La pénurie du budget a dû le faire supprimer ; depuis 1868, l'administration préfectorale n'a plus les moyens de décerner les gratifications de l'espèce. Le même motif m'a empêché de prévoir une allocation qui, essentiellement facultative et extraordinaire du reste par sa nature, reste soumise à des éventualités qui peuvent ne pas se présenter.

Vous apprécierez s'il est possible de m'ouvrir un crédit, en l'absense duquel, l'autorité ne peut que rester inactive devant certains actes de dévouement qu'il convient d'encourager.

Art. 9. — *Encouragements divers à l'agriculture, à l'industrie, aux lettres et aux beaux-arts.*

§ 1er Primes à l'agriculture européenne et indigène. 1.200 »

Ce crédit est distribué sous forme de subvention aux Comices agricoles. Il s'élevait, il y a quelques années, à 4,500 fr., mais il a dû, comme tant d'autres allocations, subir les conséquences de la situation précaire du budget.

§ 2. — Exposition locale permanente....... 8.600 »

C'est en 1860 que les frais de cet établissement formé par l'autorité militaire ont figuré sur le budget provincial.

Le crédit voté pour assurer son fonctionnement se détaillait alors de la manière suivante :

Traitement d'un directeur	2.000	»
— d'un préparateur	1.800	»
A reporter.........	3.800	»

Report........	3.800	»
— de trois garçons de salle........	2 400	»
Entretien du matériel....................	300	»
Ensemble........	7.000	»

A cette époque, l'exposition permanente était installée rue Bab-Azoun dans l'ancien local du Trésor et des postes qui appartenait à l'administration. Lorsque ces constructions furent démolies, l'établissement fut transféré dans les voûtes du boulevard de la République, moyennant un bail contracté pour une durée de 9 années à partir du 1er janvier 1866, au prix annuel de 4,750 fr. Les crédits furent également augmentés d'une somme de 2,000 fr. représentant l'indemnité de logement attribuée à la directrice, laquelle fut ensuite réduite à 1,000 fr. sur le budget de 1867.

Divers remaniements furent, d'autre part, successivement opérés dans la composition du personnel. C'est ainsi que nous sommes arrivés aux allocations actuelles qui se composent comme ci-après :

Traitement de la directrice................	2.000	»
Indemnité de logement à la même.........	1.000	»
Traitement d'un préparateur	800	»
Salaire du concierge......................	720	»
Battage des tapis.....	180	»
Assurance contre l'incendie et entretiens divers.	150	»
Location	4.750	»
Total...........	9.600	»

L'exposition permanente d'Alger intéresse la colonie tout entière, et il semblait juste que les autres provinces participassent aux dépenses. Il fut réglé par l'intervention du Gouverneur général que les budgets d'Oran et de Constantine se partageraient la moitié des frais, que l'autre moitié resterait à la charge du département d'Alger qui retire les principaux avantages de cette œuvre. Cette convention s'exécuta d'abord, mais les Conseils généraux des deux autres départements se refusèrent bientôt à voter les fonds que l'on attendait d'eux, et il y fut pourvu au moyen du fonds commun. Une dépêche du Gouverneur général en date du 27 mai 1871 annonçant qu'on ne doit plus compter sur cette imputation, vous vous trouverez dans l'obligation d'inscrire à votre budget les dépenses entières, à peine de suppression de l'établissement, à moins que l'on obtienne qu'il soit mis à la charge du budget de la colonisation.

Il vous appartient d'aviser.

Mais il est à considérer que nous sommes liés par un bail qui compte encore une durée de trois ans. Je ne puis donc que vous proposer éventuellement d'accorder les fonds nécessaires au fonctionnement de notre exposition, en faisant la part de la seule économie qui me paraisse possible: celle de l'indemnité de logement depuis longtemps attribuée à la directrice. Madame Loche n'habite pas dans le voisinage de l'établissement qui se trouve sous la garde du concierge, et l'on s'explique en effet moins facilement aujourd'hui l'attribution d'une faveur faite autrefois à feu M. Loche, en la personne de qui l'administration supérieure avantageait le véritable fondateur de l'exposition permanente d'Alger.

La suppression de cette indemnité réduit à 8,600 fr. le crédit à ouvrir au titre de ce §.

§ 3. — Subvention à la Société d'agriculture.. 1.200 »

L'allocation accordée dans le principe à cette Société, dont les utiles travaux sont très appréciés, était de 2,000 fr. La situation du budget a fait réduire le crédit à la somme de 1,200 fr., à laquelle il ne parait pas possible d'apporter une nouvelle réduction.

§ 4. — Société historique algérienne........ 400 »

En 1860, le Conseil général allouait une subvention de 500 fr. à la Société historique algérienne, pour l'impression de la *Revue archéologique* qui, auparavant, était imprimée gratuitement à l'imprimerie du gouvernement.

Cette subvention portée ensuite à 700 fr., a été réduite en 1869 à la somme de 400 fr. à cause de l'insuffisance du budget. La situation ne m'autorise pas à solliciter ici une augmentation que justifieraient les travaux si recommandables de cette Société, mais je crois devoir vous demander de maintenir l'allocation que lui attribuaient les budgets précédents.

§ 5. — Société de climatologie.............. 300 »

Je propose en faveur de cette Société le maintien de cette subvention de 300 fr., dont elle est en possession depuis plusieurs années et que, comme la précédente, elle mérite par d'utiles travaux.

§ 6. — Exposition permanente de Paris...... » »

L'Exposition permanente de Paris, organisée en vue de vulgariser les ressources de la Colonie, a toujours excité au plus haut degré l'intérêt des visiteurs, et était devenue, dans ces dernières années, un précieux élément d'études pour les hommes qui cherchaient à se rendre compte de la nature et de la variété de ses productions.

L'autorité supérieure a toujours tenu à ce qu'elle fût constamment fournie d'une riche collection de spécimens, de manière à permettre d'y puiser des échantillons destinés à représenter la Colonie aux différentes expositions françaises et étrangères.

L'utilité de cet établissement n'a d'ailleurs pas été mise en question jusqu'ici, et le budget départemental d'Alger s'est associé aux dépenses qu'occasionne son entretien, tant que ses ressources le lui ont permis.

Ainsi, de 1860 à 1862 l'exposition permanente de Paris a été dotée d'une allocation de 2,000 fr. De 1862 à 1865, cette allocation a été portée à la somme annuelle de 5,000 fr. et enfin, en 1866 et 1867, le crédit s'est élevé à 9,000 fr. pour chacun de ces exercices. Mais depuis cette époque, la situation financière de la province a fait supprimer d'une manière absolue toute allocation pour cet objet.

Le Conseil appréciera ce qui peut être fait cette année en faveur de l'établissement en question et, pour lui permettre de se rendre compte de la situation, je lui donnerai communication d'une dépêche de M. le Gouverneur général, du 16 août dernier, nᵒ 1923, en vertu de laquelle un appel pressant qui, on doit le craindre, n'obtiendra pas tous les résultats désirables, a été fait aux Comices agricoles, aux Sociétés d'agriculture et à la Chambre de commerce, pour le renouvellement des collections, et l'envoi de nouveaux produits.

§ 7. — Encouragements divers............... 330 »

Dans ses sessions de 1867 et 1868, le Conseil général a

voté une allocation de 730 fr. pour encouragements divers à répartir de la manière suivante :

1° Abonnements à la *Gazette médicale*.... 120 »

Versement annuel du Conseil général comme membre fondateur de la société des Prêts de l'Enfance au travail .... 10 »

3° Subvention au jeune Ahmed ben Kaddour, élève externe du Lycée d'Alger .... 600 »

En 1869, ces allocations ont été augmentées :

1° D'une somme de .... 100 »
représentant la gratification annuelle aux instituteurs et institutrices les plus méritants, en exécution du legs de 600 fr. fait au département par feu Audric ;

2° D'une autre somme de .... 200 »
en vue d'un concours scolaire, en 1870, soit : 100 fr. pour les dépenses d'exécution, et 100 fr. pour être distribués selon le vœu qu'en émettrait le conseil, aux élèves qui auraient été classés aux premiers rangs dans ce concours.

Le crédit total s'est ainsi élevé à.......... 1.030 »

Il n'y a pas lieu de continuer l'allocation destinée à aider le jeune Ahmed ben Kaddour dans ses études ; cet indigène a justifié l'intérêt que le Conseil général et l'administration lui ont témoigné.

Après avoir obtenu le diplôme de bachelier ès-sciences, il a été admis comme élève boursier au Lycée de Montpellier, où il se prépare pour l'École polytechnique.

En ce qui concerne la somme de 100 fr. pour l'application du legs Audric, elle n'a pas reçu sa destination, parce que l'administration tenait à laisser au Conseil général le soin d'en faire l'attribution.

Il y aura lieu pour vous d'en régler l'emploi, mais il est inutile de prévoir un crédit spécial pour ces objets. En effet, le legs Audric a été encaissé le 29 novembre 1869, après avoir été régulièrement accepté, et le montant intégral (600 fr.) figure aux recettes et aux crédits du budget de report.

A l'égard du crédit de 200 fr. destiné au concours scolaire de 1870, il n'a pas été dépensé pour le même motif (l'absence du Conseil général), et il y a lieu d'en renouveler l'inscription en vue d'accomplir, en 1872, les dispositions qui n'ont pu avoir leur effet en 1870.

Le mode d'emploi de ces deux sommes fera l'objet de deux rapports spéciaux.

En résumé, les encouragements divers à distribuer pour l'année 1872, seraient, si vous acceptez mes propositions, détaillés ainsi qu'il suit :

1° Abonnements à la *Gazette médicale de l'Algérie* pour le service médical de la colonisation..........	120	»
2° Versement annuel du Conseil général, comme membre fondateur de la *Société des Prêts de l'enfance au travail*..............	10	»
3° Frais du concours scolaire pour 1872....	200	»
Ensemble..............	330	»

Soit une différence de 700 fr. avec le crédit voté en 1869, c'est-à-dire, dans la dernière session.

Le Conseil général recevra communication d'une lettre par laquelle M. le vice-amiral, Président de la *Société centrale de sauvetage des naufragés*, renouvelle une demande, plusieurs fois présentée, pour obtenir du département, une subvention en faveur de ladite Société.

« L'organisation du sauvetage sur les côtes de l'Algérie, » dit M. l'amiral de la Roncière le Noury, a un intérêt considérable pour le département d'Alger. La *Société centrale* » sollicitée sans cesse par les populations, a fait les plus » grands sacrifices, pour rendre cette organisation aussi » complète que possible; elle comprend : une station de » canots, 3 appareils porte-amarres, 5 caisses porte-amarres » pour mousquetons et 24 postes de ceintures avec accessoires, représentant une valeur de près de 40,000 fr. et » exigeant en outre, un entretien annuel de plus de » 2,000 fr. »

En raison de la situation précaire des ressources du département, le Conseil général n'avait pas jugé possible, jusqu'ici, de comprendre la *Société centrale de sauvetage des naufragés* dans la répartition des subventions et encouragements.

Vous examinerez s'il n'y aurait pas lieu d'utiliser pour concourir à une œuvre si utile, tout ou partie de la somme de 700 fr. qui forme la différence entre le chiffre de 330 fr. que je demande pour 1872 et celui de 1,030 fr. qui a fait l'objet du vote du dernier Conseil général au titre des encouragements divers (session de 1869).

§ 8. — Subvention à la bergerie de Ben-Chicao 1.000 »

Le concours du département paraît devoir être maintenu à cet établissement, qui rend des services réels à l'industrie de l'élevage des races ovines et caprines. Le Conseil appréciera.

ART. 10. — *Indemnités aux employés de la Préfecture pour travaux extraordinaires au Conseil général.* 1.000 »

Les conseils généraux sont dans l'habitude de porter au budget départemental, pour les travaux extraordinaires, occasionnés par leur session, une somme que le Préfet répartit ensuite entre les employés qui ont particulièrement concouru à ces travaux. Depuis 1859, le Conseil général du département d'Alger a voté chaque année, pour cet objet, l'allocation de 1.000 fr. qui figure à ce paragraphe.

ART. 11.— *Subvention aux communes pour insuffisance des revenus ordinaires* .... 9.000 »

Le chiffre de cette subvention a subi de nombreuses fluctuations. Fixé en 1863 à 15.000 fr., dont 3.000 pour le territoire, dit militaire; il s'était élevé en 1866 à 16.000 fr.

Enfin, la nécessité d'équilibrer le budget départemental l'a fait successivement réduire, et en 1871, il en est arrivé à ne plus être que de 9.000 fr. pour les deux territoires.

Ainsi que l'indique son titre, cette subvention est destinée à venir en aide aux communes dont les revenus ordinaires sont reconnus insuffisants pour parer aux dépenses de première nécessité ; sans doute, celles qui sont à subventionner ainsi pourront, au moyen des matrices cadastrales, demander à s'imposer des centimes additionnels et arriver à mettre leurs revenus en rapport avec les besoins qu'elles ont à satisfaire.

La surtaxe de l'octroi municipal de mer, si elle est adoptée, augmentera encore leurs ressources ; mais ces dispositions peuvent bien ne pas être applicables immédiatement, et il paraît bon que le département s'assure les moyens de venir en aide aux plus nécessiteuses.

Par ces considérations, je vous propose de conserver le crédit inscrit en 1870, qui comprend 7.000 fr. pour le territoire départemental et 2.000 pour le territoire, dit militaire.

Chapitre VI

SERVICES CIVILS INDIGÈNES

Article unique. — *Subventions aux diverses institutions de bienfaisance musulmanes* .... » »

Les institutions de bienfaisance musulmanes se bornent au Bureau de bienfaisance musulman d'Alger qui est largement doté à la section 2, chap. 6, art. 2.

Il n'y a donc rien à prévoir à ce nouveau titre.

Chapitre VII

DÉPENSES IMPRÉVUES

Par application des dispositions de l'art. 47 du décret du 27 octobre 1858, je crois devoir proposer l'inscription d'un crédit pour dépenses imprévues. Ce crédit me paraît devoir être fixé à .... 5.750 »

Soit 5,250 fr. pour le territoire civil et 500 fr. pour le territoire militaire

SECTION IV

DÉPENSES SPÉCIALES

SUBVENTIONS EXTRAORDINAIRES ACCORDÉES PAR L'ÉTAT SUR L'EMPRUNT DE CENT MILLIONS POUR LES ROUTES ET CHEMINS DU DÉPARTEMENT.

Les seuls fonds qui puissent permettre de faire face aux dépenses spéciales sont les reliquats disponibles des subventions allouées par l'Etat au département jusqu'en 1870 inclusivement, sur l'emprunt de 100 millions.

A la clôture de l'exercice 1870, le montant des reliquats s'élevait à la somme totale de............ 660.857 36

De cette somme il y a lieu de déduire les crédits reportés à l'exercice 1871, auxquels il convient de conserver leur affectation spéciale aux travaux ci-après qui sont en cours d'exécution, savoir :

Route n° 8, de Médéa à Miliana (circonscription de Ténès.........	282.502 33	
Route n° 9, de Miliana à Teniet-el-Haâd (génie)......	67.900 »	362.502 33
Route n° 11, de Boghni à la route nationale n° 5, par Dra-el-Mizan (génie)......	11.900 »	
Reste...........		298.555 03

Sur cette somme il a été imputé pour le paiement des retenues de garantie des entreprises des ponts de l'Isser et de l'oued Djemaâ (route départementale n° 1) et du pont de l'oued S'm... (chemin vicinal de grande communication, n° 1)......................... 21.084 47

En outre, par décisions des 2 et 17 septembre dernier, M. le Gouverneur général a autorisé sous la réserve de la sanction ultérieure du Conseil général du département, les imputations suivantes sur les reliquats disponibles :

Pour la restauration de la route départementale n° 1......................... 48.000 »

Pour la restauration du chemin vicinal de grande communication n° 5.............. 12.000 »

Pour la restauration du chemin vicinal de grande communication n° 14.............. 3.000 »

Pour la restauration du pont de l'oued Bougdoura (route départementale n° 1)..... 18.000 »

Total des dépenses faites ou autorisées 102.084 47

J'avais demandé à M. le Gouverneur-général qu'une somme de .... 8.000 »
fût, concurremment avec une pareille allocation à imputer sur le produit de l'impôt de guerre, affectée à la reconstruction du pont de l'oued Bellah (route départementale n° 4), détruit par les indigènes.

Par décision du 20 novembre courant, M. le Gouverneur général a autorisé, sauf ratification par le Conseil général, le prélèvement de ladite somme de 8,000 fr. sur les reliquats disponibles.

Le total de ces diverses dépenses, soit.... 110.084 47

une fois prélevé sur les crédits de l'exercice courant, il restera à dépenser, en 1872, fr. 188,470 56.

Sur cette ressource, une somme de 62,000 fr. environ est déjà engagée pour l'établissement de l'arche métallique du pont sur l'oued El-Hachem (route départementale n° 4). En effet, en vertu de la décision prise par le Conseil général dans sa séance du 9 octobre 1869, l'administration a convoqué divers constructeurs de la Métropole pour concourir à l'adjudication des travaux. Il faut donc prévoir à ce titre, une dépense de 62,000 fr. pour 1872.

Reste à pourvoir à l'emploi de la somme de 126,470 fr. 56.

M. l'Ingénieur en chef propose de l'affecter à la construction du *pont sur le Sebaou* (route départementale n° 1 d'Alger à Dellys) ; mais pour mettre le Conseil général à même de déterminer le meilleur emploi à faire de cette ressource, je crois utile d'exposer, ci-après, les nombreux besoins à satisfaire qui ont été signalés tant par M. l'Ingénieur en chef lui-même, que par M. le Directeur des fortifications.

J'ai déjà fait connaitre au Conseil général que les demandes de crédits que M. l'Ingénieur en chef de la 1re circonscription avait présentées au titre de la section 3, art. 1, n'avaient pu être maintenues par suite de la pénurie des ressources départementales, et qu'elles trouveraient place à la section IV (Dépenses spéciales). Les travaux qui en font l'objet sont les suivants, savoir :

Pont sur le Sebaou (route départementale n° 1 d'Alger à Dellys) pour compléter la dépense .... 80.000 »

Le Conseil général vient de voir que M. l'Ingénieur de la 1re circonscription, propose de prélever une somme de 126,470 fr. 56, sur les reliquats des subventions extraordinaires de l'emprunt des cent milions, pour faire face à la dépense de construction de ce pont, qui est évaluée à 300,000 fr. d'après le projet dont il annonce devoir saisir prochainement l'administration.

Dans l'hypothèse que ce prélèvement serait admis, et par suite de l'épuisement de la ressource spéciale des subventions, le département aurait à fournir sur ses propres ressources, une somme de 173,529 fr. 44 c. pour le solde des travaux. — Dans cette prévision, M. l'Ingénieur en chef proposait d'inscrire un crédit de 80,000 fr. à la section III du budget de 1872; un autre crédit de 68,529 fr. 44 c. aurait été inscrit à la même section du bndget de 1873, et enfin, le crédit complémentaire de 25,000 fr. pour le paiement de la retenue de garantie, ne serait alloué qu'en 1874.

La route départementale n° 1, franchit le Sebaou au moyen d'une traille, dont l'accès est fort difficile en basses eaux, c'est-à-dire pendant les 5/6 de l'année. Il importe d'assurer le passage de cette rivière par la construction d'un pont. Mais le Conseil général aura à apprécier si la construction de cet ouvrage définitif présente, au point de vue de l'importance respective des voies de communication, un caractère d'urgence tel, qu'il doive primer les autres travaux indiqués ci-après.

Pont sur le Mazafran, (route départementale n° 5 d'Alger à Coléa) .... 30.000 »

Dans sa séance du 11 octobre 1869, le Conseil général a adopté une combinaison qui consiste à traiter avec une maison de France qui se chargerait de l'exécution du pont sur le Mazafran, en acceptant un paiement échelonné sur plusieurs années consécutives, avec un intérêt ne dépassant pas l'intérêt légal de la Métropole. M. l'ingénieur en chef de la 1re circonscription annonce que trois études comparatives sont préparées et pourront être présentées avant la fin de la session. Ce sont : 1° un pont avec arc métallique en un emplacement nouveau ; 2° un pont à poutres métalliques droites à l'emplacement actuel ; 3° un Bow-String. La somme de 30,000 fr. demandée pour 1872 forme la 1re annuité.

Route départementale n° 7 *de Blida à l'Alma* (ouverture de la partie comprise entre le Fondouck et l'Alma) 100.000

En déclarant, par un arrêté du 8 juillet 1868, l'utilité publique des travaux de la route départementale n° 7, entre Rivet et le Fondouck, M. le Gouverneur général avait ajourné toute décision sur le tracé entre le Fondouck et l'Alma, jusqu'à la production d'un contre projet motivé par la réclamation des habitants civils de St-Pierre, tendant à faire passer la route par ce village.

M. l'Ingénieur en chef de la 1re circonscription annonce que la nouvelle étude prescrite l'an dernier, est terminée, et qu'elle sera soumise très incessamment à l'examen de l'administration. Le montant du détail estimatif est de 126,000 fr.

Pont de Mimouch (chemin vicinal de grande communication, n° 1) .... 80.0000 »

M. l'Ingénieur en chef de la 1re circonscription en annonçant que l'avant projet de pont va être présenté, évalue la dépense totale à 140,000 fr. ; il admet que les travaux pourront être faits en deux campagnes, bien que les fondations ne puissent être commencées que vers le mois de juin, et il demande, en conséquence, pour l'année prochaine, un crédit de 80,000 fr. Il y aurait à créditer ensuite, en 1873, 60,000 fr., puis en 1874, pour le paiement de la retenue de garantie, environ 10,000 fr.

Enfin, les crédits demandés par M. le Directeur des fortifications, pour les travaux de routes confiés à son service, s'élèvent à la somme de 252,000 fr.

Cette somme se répartit ainsi qu'il suit :

Route départementale, n° 2, d'Alger à Aumale 200,000 fr.

M. le Directeur des fortifications attribue à cette route une importance capitale. Il n'évalue pas à moins de 1,300,000 fr. la dépense qui restera à faire pour terminer la partie de cette route dont la construction a été confiée au génie militaire.

Route départementale n° 9, de Téniet-el-Hadd à Miliana 17,000 fr.

M. le Directeur des fortifications évalue à 70,000 fr. la somme qui sera nécessaire pour achever complètement l'ouverture de cette route.

Route départementale n° 11, de Boghni à la route nationale n° 5, par Dra-el-Mizan, 35,000 fr.

La partie de la route n° 11, comprise entre Dra-el-Mizan et Boghni, a une longueur de 13 kilomètres sur lesquels 4 seulement sont achevés. D'après M. le Directeur des fortifications, il serait très important de terminer le reste. La dépense à faire est évaluée à 70,000.

Tels sont les travaux de route signalés comme présentant un caractere d'urgence, et parmi lesquels le Conseil général aura à faire un choix pour l'emploi de la somme de 120.470

fr. 62 cent., restant disponible sur les subventions extraordinaires dont l'origine a été indiquée plus haut.

C'est en effet, la seule ressource certaine sur laquelle l'administration puisse compter, quant à présent; en dehors, bien entendu, des combinaisons financières à réaliser.

Si le Conseil général trouvait dans les résolutions qu'il prendra relativement à ces combinaisons, le moyen de se créer des ressources suffisantes pour faire face aux besoins qui lui ont été signalés dans le courant du budget, il aurait à déterminer dans quelle mesure les travaux que je viens d'énumérer sous le titre de la section IV, pourraient être repris et crédités à l'article 1er de la section III.

RÉCAPITULATION

DES

RECETTES ET DES DÉPENSES

RÉCAPITULATION

PREMIÈRE PARTIE

RECETTES

ffectuées 870.	SECTION 1re	Recettes à prévoir pour 1872.
	FONDS LIBRES DES EXERCICES ANTÉRIEURS.	
	Report du restant libre sur les recettes de l'exercice 1871	
	SECTION II	
	RECETTES ORDINAIRES.	
548 87	Art. 1er. — Loyers, fermages et rentes foncières provenant de biens ou de fondations religieuses, compris dans le domaine départemental.	28.000 »
331 33	Art. 2. — Part revenant au département sur le produit de l'impôt arabe.	1.472.700 »
» »	Art. 3. — Centimes additionnels attribués au département sur les impôts directs établis au profit de l'Etat.	» »
123 57	Art. 4. — Attributions au budget départemental du 1/5e du produit de l'octroi de mer.	318.600 »
883 69	Art. 5. — Remboursements par les particuliers, les corporations et les communes des frais de traitement et d'entretien dans les hôpitaux et hospices civils	191.268 »

nsell. 11

Recettes effectuées en 1870.		Recettes à prév pour 1872.
16.209 75	Art. 6. — Remboursement par les communes de leur quote-part dans les dépenses des enfants trouvés et des aliénés..................	32.400
51 75	Art. 7. — Produit des expéditions des anciennes pièces ou des actes de l'administration, déposés aux archives	80
» »	Art. 8. — Droits de péage et taxes ou cotisations autorisés au profit du département..........	»
» »	Art. 9. — Produit des diplômes des officiers de santé, sage-femmes, etc....................	»
1.052 »	Art. 10. — Taxes pour les visites des officines de pharmaciens, droguistes et herboristes	2.000
493 75	Art. 11. - Produit des amendes prononcées pour contraventions en matière de roulage.........	500
10.807 42	Art. 12. — Produit des amendes de police correctionnelle	15.370
» »	Art. 13. — Produit de location des eaux provenant des forages artésiens	»
25 »	Art. 14. — Amendes diverses (licences et autres)	100
2.148.039 04	Ensemble.............	2.061.018
556.946 52	Déduction pour la formation du fonds commun...	»
1.591.098 52	Total net.............	2.061.018

SECTION III

RECETTES EXTRAORDINAIRES.

» »	Art. 1er. — Contributions extraordinaires et centimes additionnels facultatifs, dûment autorisés ..	»

…s effectuées 1870.		Recettes à prévoir pour 1872.
.556 42	Art. 2. — Prix de ventes d'immeubles et d'objets mobiliers	7.063 »
.000 »	Art. 3. — Dons et legs dûment autorisés	» »
156 06	Art. 4. — Remboursement de capitaux exigibles ou de rentes rachetées	1.000 »
» »	Art. 5. Emprunts dûment autorisés	» »
» »	Art. 6. — Subvention de l'Etat, des communes, des associations particulières, pour concourir à l'exécution des travaux d'utilité départementale.	» »
.100 »	Art. 7. — Subvention sur fonds commun.......	» »
.500 »	Art. 8. — Part contributive du département d'Oran dans les frais d'exposition à Alger, des produits de l'Algérie	» »
.554 66	Art. 9. — Indemnité payée par le département de la Guerre, à titre de compensation du logement en nature fourni aux officiers de gendarmerie...	1.560 »
203 80	Art. 10. — Recettes accidentelles	1.000 »
.050 94	Total de la section III.......	10.623 »

SECTION IV

RECETTES SPÉCIALES.

).940 52	Subvention sur le fonds commun pour le paiement des indemnités variables, allouées aux agents du service du cadastre......................	» »
5.050 53	Subvention de l'Etat sur l'emprunt Frémy-Talabot. { pour routes départementales ... . ; pour chemins de grande communication ..... ; pour chemins divers... }	» »
2.991 05	Total de la Section IV.....	» »

RÉCAPITULATION

Recettes effectuées en 1879.		Recettes à prévoir pour 1872.
» »	Section I. — Fonds libres des exercices antérieurs	»
1.591.692 52	— II. — Recettes ordinaires	2.061.018
697.050 94	— III. — Recettes extraordinaires	10.623
1.522.991 05	— IV. — Recettes spéciales	»
3.811.734 51	Total général des évaluations de recettes	2.071.641
	A déduire le déficit constaté au compte de l'exercice 1870 (1)	393.045
» »	Reste net comme évaluation	1.676.595

(1) A l'époque où remonte le premier déficit constaté dans les comptes, le Préfet e[t le] Conseil général avaient cru devoir porter comme premier article de dépense, au budget s[ub]séquent, le déficit constaté, en considérant que toute dette doit être prévue par un crédit à [la] partie des dépenses. mais une dépêche du Ministre des finances a critiqué cette opération, [en donnant pour] la raison que la somme représentant le déficit ne constituait qu'une avance de fonds ou un p[rêt] fait par le Trésor, dont il se remboursait directement sur le produit des recettes. C'est po[ur]quoi les déficits constatés sont déduits purement et simplement des prévisions de recettes.

DEUXIÈME PARTIE

DÉPENSES

...its antérieurs.		Crédits demandés.
	SECTION Ire	
	RESTES A PAYER DES EXERCICES ANTÉRIEURS	
	Chapitre Ier	
87.401 05	DÉPENSES COMPRISES DANS LES COMPTES DES EXERCICES 1869 ET ANTÉRIEURS	195.802 22
	Chapitre II	
6 229 99	DÉPENSES NON COMPRISES DANS LES COMPTES DES EXERCICES 1869 ET ANTÉRIEURS............. .	14.779 26
93.631 02	Total de la Section Ire......	210.581 48

SECTION II

DÉPENSES ORDINAIRES ET OBLIGATOIRES

Chapitre Ier

FRAIS DE PERCEPTION DES REVENUS DÉPARTEMENTAUX, REMBOURSEMENTS.

7 400	ART. 1er — *Abonnement avec le Trésor pour les frais de perception des revenus départementaux recouvrés par les agents financiers*...........	4.561 »
» »	ART. 2. — *Part des chefs indigènes chargés de concourir à la perception de l'impôt arabe*	» »

Crédits antérieurs.		Crédits dem
» »	Art. 3. — *Part des chefs indigènes chargés d'assurer la rentrée des amendes infligées aux Arabes, en territoire dit militaire*.............	
11.000 »	Art. 4. — *Remboursements, restitutions et non-valeurs.*	10.00
18 400 »	Ensemble du chapitre 1er. — Frais de perception des revenus départementaux et remboursements..............	14.56

Chapitre II

ADMINISTRATION

Crédits antérieurs.		Crédits dem
	Art. 1er. – *Loyers des hôtels de Pr fecture et Sous-Préfectures, des commissariats civils et du bâtiment acad'mique.*	
4.200 »	§ 1er. – Loyer de l'hôtel de la Préfecture et de ses annexes et des locaux servant au bureau civil du général administrateur des territoires.........	4.20
3.600 »	§ 2. — Loyer de la Sous-Préfecture de Miliana...	3,60
7.350 »	§ 3. – Loyer des Commissariats civils..........	6.90
1.560 »	§ 4. -- Indemnité de logement aux secrétaires et aux gardes coloniaux attachés aux commissariats civils.....	1.08
1.600 »	§ 5. – Frais de conciergerie des hôtels de Préfecture et de Sous-Préfecture.	1.00
18.310 »	Total de l'article 1er..............	17.58
	Art. 2. — *Ameublement et entretien des hôtels administratifs et du local affecté au service académique.*	

Crédits antérieurs.		Crédits demandés.
	§ 1er. — Acquisition de mobilier pour l'hôtel de la Préfecture et ses annexes et pour l'hôtel du général administrateur........................	
1.000 »		5.000 »
2.000 »	§ 2. — Entretien du mobilier pour les mêmes hôtels........................	4.350 »
» »	§ 3. — Acquisition de mobilier pour la sous-préfecture de Miliana........................	» »
100 »	§ 4. — Entretien du mobilier pour la même.....	200 »
» »	§ 5. — Acquisition de mobilier pour les commissariats civils........................	» »
600 »	§ 6. — Entretien du mobilier des commissariats civils........................	600 »
» »	§§ 7 et 8. — Acquisition et entretien de mobilier pour le service académique........................	» »
600 »	§ 9. — Bibliothèques administratives...........	600 »
4 300 »	Total de l'art. 2...........	10 750 »

Art. 3. — *Archives du département.*

2.400 »	§ 1er. — Frais de garde et de conservation des archives du département........................	2.400 »
450 »	§ 2. – Casiers et cartons........................	450 »
2.850 »	Total de l'art. 3...........	2.850 »

Art. 4. — *Cours d'assises et tribunaux.*

14.700 »	§ 1er. – Traitements des concierges et chaouchs des tribunaux et des justices de paix..........	14.700 »
8.900 »	§ 2. – Loyers et frais de baux des bâtiments affectés aux tribunaux........................	8 900 »
3.280 »	§ 3. - Loyers et frais de baux pour le service de la justice musulmane (Mahakmas des cadis)......	2.080 »

Crédits antérieurs.		Crédits demandés.
350 »	§ 4. — Frais d'entretien du mobilier des cours d'assises, des tribunaux de 1re instance et parquets...	350
» »	§ 5. — Achat et renouvellement du mobilier des cours d'assises et des tribunaux de 1re instance..	»
» »	§ 6. — Eclairage des bâtiments et des pièces occupés au parquet par les divers services judiciaires. — Cours d'assises d'Alger.............	300
5.400 »	§ 7. — Menues dépenses et frais de parquet de la Cour d'Alger et des tribunaux de 1re instance...	5.350
2.800 »	§ 8. — Menues dépenses des justices de paix......	2 800
225 »	§ 9. — Dépenses des bureaux d'assistance judiciaire..............	225
250 »	§ 10. — Entretien et renouvellement du mobilier des mahakmas des cadis.............	250
360 »	§ 11. — Traitement du gardien de la geole du cadi d'Alger..................	360
36.265 »	Total de l'article 4......	36.415

Art. 5. — *Casernement de la Gendarmerie.*

3.130 »	§ 1er. — Eclairage des casernes de gendarmeries et remplacements de drapeaux placés sur les bâtiments..................	3.100
66.100 »	§ 2. — Loyers et frais de baux des casernes de gendarmerie qui n'appartiennent pas au département..................	70.702
69.230 »	Total de l'article 5	73.802

Art. 6. — *Prison civile.*

5.000 20	§ unique. Location d'immeubles........	4.800

antérieurs.		Crédits demandés.	
	Art. 7. — *Dépenses diverses.*		
600 »	§ 1. — Frais de tenue du Conseil général........	1.800	»
000 »	§ 2. — Id. de la Chambre consultative d'agriculture...........................	1.000	»
500 »	§ 3. — Frais de tenue du Conseil d'hygiène publique.	500	»
» »	§ 4. — Exposition générale des produits de l'agriculture et de l'industrie	»	»
500 »	§ 5. — Frais de bureau de l'inspecteur de l'Académie..............................	500	»
» »	§ 6. — Frais d'établissement des tables décennales de l'état-civil..........................	»	»
150 »	§ 7. — Frais de poursuites et de procédures pour contraventions en matière de roulage sur les routes départementales...................	150	»
1.500 »	§ 8. — Service de la vaccination...............	1.500	»
1.000 »	§ 9. — Mesures contre les épidémies	1.000	»
300 »	§ 10 Id. contre les épizooties.............	300	»
» »	§ 11. — Chauffage et éclairage des corps-de-garde des établissements départementaux...........	»	»
1.800 »	§ 12. — Impressions à la charge du département..	2.500	»
» »	§ 13 — Locaux et imprimés pour l'administration et la comptabilité des sociétés de secours mutuels en cas d'insuffisance des ressources communales.	»	»
2.000 »	§ 14. — Frais d'inspection des officines de pharmaciens, des herboristeries et drogueries, etc ...	2.000	»
300 »	§ 15 — Frais de vente de mobiliers hors de service et de papiers de rebut.....................	300	»
3.500 »	§ 16. — Frais de missions administratives... ...	3.500	»
3.150 »	Total de l'art. 7......	15.050	»
9.114 20	Ensemble du Chapitre II. — Administration...	101.107	70

Crédits antérieurs.			Crédits accor[dés]
		Chapitre III.	
		ASSISTANCE PUBLIQUE	
		ART. 1er. — *Dépenses générales d'assistance et hospices.*	
5.400	»	§ 1er. — Dépenses générales d'assistance........	9.000
89.260	»	§ 2. — Personnel médical et administratif des hospices (Hôpitaux d'Alger et de Douéra, asile de Douéra et infirmerie de Marengo)............	90.760
389.500	»	§ 3. — Nourriture, traitement et entretien des malades....................................	402.000
15.200	»	§ 4. — Achat et renouvellement du matériel.....	25.200
1.000	»	§ 5. — Transport de malades et frais divers......	1.000
185.000	»	§ 6. — Remboursement des journées des malades civils traités dans les différents hôpitaux militaires.....................................	229.100
685.360	»	Total de l'article 1er..........	757.060
		ART. 2. — *Orphelinats.*	
35.000	»	§ 1er. — Orphelinat de Boufarik	4,218
53.200	»	§ 2. — Orphelinat de Mustapha.................	49.040
4.100	»	§ 3. — Orphelinat de Dely-Ibrahim............	4.100
»	»	§ 4. — Enfants placés dans les familles.........	23.000
92.300	»	Total de l'article 2..........	80.358
37.380	»	ART. 3. — *Enfants trouvés et abandonnés.* — Frais de nourrice..............................	25.44[illegible]
		ART. 4. — *Aliénés indigents.*	
54.000	»	§ 1er. — Frais d'entretien des aliénés aux hospices de la métropole............................	54.000
54.000	»	A reporter........	54.000

…s antérieurs.		Crédits demandés.
1 000 »	Report........	51 000 »
1.480 »	§ 2. — Frais de transport et de nourriture des aliénés indigents appartenant au département.. ...	1.480 »
720 »	§ 3. - Salaire de deux infirmiers pour le service spécial des aliénés à l'hôpital civil d'Alger... ..	720 »
3.200 »	Total de l'article 4......	53.200 »
	Art. 5. — *Service médical de colonisation.*	
7.500 »	§ 1er. Traitement de 10 médecins de colonisation	27.500 »
2.750 »	§ 2. — Part contributive du département dans les dépenses de médecins communaux.........	12.750 »
1.500 »	§ 3. — Subventions aux communes mixtes	1.500 »
1.000 »	§ 4. — Distribution de médicaments aux colons indigents et soins à domicile.	1.000 »
2.750 »	Total de l'article 5........	42.750 »
5.000 »	Art. 6. -- *Secours pour évènements calamiteux et aux colons indigents n'ayant pas de domicile de secours*..	5 000 »
1.000 »	Art. 7. — *Secours de route et frais de passage pour les voyageurs indigents*............. .	1.000 »
0.990 »	Ennsemble du Chapitre III. — Assistance publique......................................	967.808 76

Chapitre IV.

TRAVAUX

Art. 1er. — *Entretien des édifices et batiments à la charge de la province.*

Crédits antérieurs.		Crédits demand[és]
2.500 »	§ 1er. — Entretien de l'hôtel de la Préfecture....	2.500
» »	§ 2. — Id du général commandant la province........................	»
200 »	§ 3. — Id locatif de la Sous-Préfecture de Miliana........................	200
900 »	§ 4. — Entretien des batiments affectés aux Commissariats civils........................	900
850 »	§ 5. — Entretien locatif des Cours d'assises et des tribunaux français........................	1.350
1.000 »	§ 6. — Entretien des tribunaux musulmans.....	1.000
4.450 »	§ 7. — Entretien des prisons et dépôts de sûreté.	4.450
9.560 »	§ 8. — Id. des casernes de gendarmerie...	9.110
13.600 »	§ 9. — Id. des batiments affectés aux hôpitaux........................	13.600
7.250 »	§ 10. — Id. des mosquées et des établissements religieux musulmans................	7.120
200 »	§ 11. — Entretien de la M'dersa d'Alger.......	200
5.000 »	§ 12. — Entretiens divers................	6.200
2.240 »	§ 13. — Indemnités aux agents des batiments civils........................	2.187
47.750 »	Total de l'art 1er...........	48.817
11.300 »	**Art. 2. — *Grosses réparations aux édifices et batiments à la charge du département d'Alger..***	36.540

Art. 3. — *Entretien des routes à la charge du département.*

antérieurs.	DÉSIGNATION DES ROUTES.	Crédits demandés.
.000 »	§ 1er. — Route n° 4, d'Alger à Dellys, avec embranchements sur Tizi-Ouzou et Fort-National.	60.000 »
.400 »	§ 2. — Route n° 2, d'Alger à Aumale, par Kouba, l'Arba, Tablat et Bir-Rabalou	95.000 »
,090 »	§ 3. — Route n° 3, d'Alger à Blida, par Douéra..	30.000 »
000 »	§ 4. — Route n° 4, d'Alger à Cherchel.........	21.000 »
.000 »	§ 5. — Route n° 5, d'Alger à Coléa............	28.000 »
.500 »	§ 6. — Route n° 6, de Blida à Coléa...........	18.000 »
.000 »	§ 7. — Route n° 7, de Blida à l'Alma, par le pied de l'Atlas et par Dalmatie, Soumah, Bouïnan, Rovigo, l'Arba, Rivet et Fondouck............	20.000 »
.000 »	§ 8. — Route n° 8, de Médéa à Miliana, par Amoura	6.000 »
.600 »	§ 9. — Route n° 9, de Miliana à Teniet-el-Hâad..	18.400 »
.000 »	§ 10. — Route n° 10, de Ténès à Orléansville...	50.000 »
.000 »	§ 11. — Route n° 11, de l'Oued-Djemâa à la route nationale n° 5, par Dra-el-Mizan................	6.000 »
.000 »	§ 12. — Entretien des ponts en bois sur les routes n° 1, 4 et 5..................................	4 000 »
.925 »	§ 13. — Bacs et Trailles.......................	21.460 »
1.700 »	§ 14 — Entretien des maisons de cantonniers sur les routes n° 1, 2, 4, 6, 7 et 10	1.700 »
.875 »	§ 15. — Frais d'études, d'impressions et dépenses diverses	4.200 »
4.500 »	§ 16. — Indemnités proportionnelles aux agents des Ponts-et-Chaussées..........................	6.034 50
1.500 »	Total de l'art 3.............	395.704 50

Crédits antérieurs.		Crédits demandés
» »	ART. 4. — *Grosses réparations des routes à la charge du département.*	»
430.550 »	ENSEMBLE DU CHAPITRE IV. TRAVAUX. . .	481.151

Chapitre V.

PRIMES, SUBVENTIONS, ENCOURAGEMENTS

4.000 »	ART. 1er. — *Part contributive du département dans la subvention annuelle attribuée à l'école préparatoire de médecine et de pharmacie d'Alger*	4.000
1.500 »	ART. 2. — *Primes pour la destruction des animaux nuisibles ou dangereux*	1.500
5.500 »	ENSEMBLE DU CHAPITRE V. — Primes, Subventions, Encouragements	5.500

Chapitre VI.

SERVICES INDIGÈNES

30.000 »	ART. 1er. — *Subvention pour dépenses d'Administration et de police des populations indigènes.*	12.000
	ART. 2. — *Subventions aux communes pour les dépenses d'assistance musulmane et des écoles musulmanes-arabes.*	
105.800 »	§ 1er. — Bureau de bienfaisance musulman. . § 2. — Asiles et refuges. § 3. — Bourses d'apprentissage et ouvroirs. .	105.800
8.200 »	§ 4. — Écoles musulmanes-françaises § 5. — Écoles d'adultes	8.200
114.000 »	Total de l'art. 2	114.000

antérieurs.		Crédits demandés.
000 »	Art. 3. — *Prix de location de deux immeubles à Alger, affectés aux écoles musulmanes......*	2 000 »
	Art. 4. — *Culte musulman.*	
.740 »	§ 1er. — Personnel des mosquées...............	33.700 »
.600 »	§ 2. — Matériel et frais du culte...............	15.600 »
.340 »	Total de l'article 4............	49.300 »
	Art. 5. — *Fêtes musulmanes. — Secours.*	
.676 »	§ 1er. — Subsides à d'anciens tolbas et à d'anciens serviteurs...............................	16.700 »
.000 »	§ 2. — Distributions spéciales à l'occasion des fêtes musulmanes........................	1.000 »
.676 »	Total de l'art. 5...........	17.700 »
.016 »	Ensemble du Chapitre VI. — Services indigènes.	195.000 »

RÉCAPITULATION DE LA SECTION II

3.400 »	Chapitre 1er. — Frais de perception des revenus provinciaux et remboursements.............	14.561 »
.114 20	Chapitre 2. — Administration...........	161.107 70
9.990 »	Chapitre 3. — Assistance publique...........	967.808 70
0 550 »	Chapitre 4. — Travaux........................	481.151 50
5.500 »	Chapitre 5. — Primes, subventions, encouragements....................................	5.500 »
3.016 »	Chapitre 6. — Services indigènes	195.000 »
6.570 20	Total de la section II...........	1.825.128 90

Crédits antérieurs.		Crédits dema[ndés]

SECTION III.

DÉPENSES EXTRAORDINAIRES ET FACULTATIVES.

Chapitre Ier

Crédits antérieurs.		Crédits dema[ndés]
» »	FRAIS DE PERCEPTION DES REVENUS DÉPARTEMENTAUX ET REMBOURSEMENTS........................	

Chapitre II

Art 1er. — *Subvention, subsides, indemnités.*

Crédits antérieurs.		Crédits dema[ndés]
2.250 »	§ 1er. — Subvention à la cathédrale..............	
3.600 »	§ 2. — Indemnité de logement à 6 chanoines....	3.60[0]
5.850 »	Total de l'art. 1er...........	3 60[0]
2.200 »	**Art. 2.** — *Frais de publication des délibérations du Conseil général*....................	1.60[0]

Art. 3. — *Fêtes publiques et nationales.*

Crédits antérieurs.		Crédits dema[ndés]
1.700 »	§ Unique. — Illumination des édifices départementaux à l'occasion des fêtes publiques et nationales.	1 70[0]
2.069 »	**Art. 4.** — *Assurances des bâtiments et mobiliers départementaux contre les risques de l'incendie*..................................	2.06[9]

Art. 5. — *Dépenses diverses.*

Crédits antérieurs.		Crédits dema[ndés]
1.200 »	§ 1er. — Éclairage extérieur des hôtels administratifs....................................	1.20[0]
1.200 »	A reporter........	1.20[0]

antérieurs.		Crédits demandés.
1.200 »	Report........	1.200 »
300 »	§ 2. — Matériel de casernement pour la gendarmerie..................................	» »
1.500 »	Total de l'art. 5..............	1.200 »
3.319 »	Ensemble du Chapitre II. — Administration..	10.169 »

Chapitre III.

ASSISTANCE PUBLIQUE

» »	Art. 1er. — *Subventions aux institutions de bienfaisance dans le but d'arriver à l'extinction de la mendicité*..............................	» »
» »	Art. 2. — *Secours à d'anciens employés des services départementaux et à leurs veuves*...........	» »
» »	Art. 3. — *Entretien de jeunes aveugles ou de sourds-muets dans les établissements spéciaux*..	» »
	Art. 4. — *Subventions de bienfaisance.*	
3.600 »	§ 1er. — Entretien de jeunes filles placées à l'établissement du Bon-Pasteur..................	1.200 »
1.200 »	§ 2. — Secours à l'orphelinat de Dalmatie.......	1.200 »
1.000 »	§ 3. — Secours aux sœurs garde-malades dites du Bon-Secours à Alger..........................	1.000 »
500 »	§ 4. — Secours aux sœurs dites Petites sœurs des pauvres..................................	500 »
3.000 »	§ 5. — Subvention à l'ambulance de l'Alma......	6.500 »
9.300 »	Total de l'article 4..............	10.400 »

Crédits antérieurs.		Crédits dem
» »	Art. 5. — *Acquisitions ou dotations intéressant les établissements hospitaliers*	
9.300 »	Ensemble du Chapitre III. — Assistance publique..........................	10.46

Chapitre IV.

TRAVAUX

Crédits antérieurs.		Crédits dem
» »	Art. 1er. — *Construction des routes à la charge du département et des ouvrages d'art qui en dépendent*..............................	
» »	Art. 2. — *Construction des bâtiments affectés aux Préfectures, Sous-Préfectures et Commissariats civils*................................	
» »	Art. 3. — *Construction de tribunaux*..........	
» »	Art. 4. — *Construction de casernes de gendarmerie*	
» »	Art. 5. — *Construction de prisons*............	
» »	Art. 6. — *Construction de tous autres bâtiments à la charge du département*................	
» »	Art. 7. — *Part contributive dans les dépenses des travaux de dessèchement*..................	
» »	Art. 8. — *Part contributive dans les travaux d'endiguement et d'irrigation*...............	
74.700 »	Art. 9. — *Subventions aux communes pour constructions de chemins vicinaux ou de grande communication*..............................	97.2

...ntérieurs.		Crédits demandés.
» »	Art. 10 · *Subventions aux communes pour construction ou grosses réparations d'églises, presbytères, etc.........................*	» »
» »	Art. 11. — *Concours aux dépenses des opérations topographiques et des mesures de cantonnement, dans l'intérêt de la colonisation ....*	» »
» »	Art. 12. — *Primes, subventions des garanties d'intérêts accordées à des compagnies, associations ou particuliers, pour l'exécution de grands travaux d'utilité générale ou départementale. . .*	» »
» »	Art. 13. — *Indemnités aux agents du service des bâtiments civils.........................*	» »
.700 »	Ensemble du Chapitre IV. — Travaux......	97.200 »

Chapitre V.

PRIMES, SUBVENTIONS, ENCOURAGEMENTS.

» »	Art. 1er. — *Primes à distribuer lors des expositions. Achat de médailles.................*	» »
» »	Art. 2. — *Subventions pour courses de chevaux.*	» »
» »	Art. 3. — *Subventions aux communes pour établissement de pompes à incendie...............*	» »
» »	Art 4. — *Subventions aux théâtres autres que celui d'Alger ....*	» »
180 »	Art. 5. — *Indemnité au gardien du tombeau de la Chrétienne ....*	180 »

Crédits antérieurs.			Crédits demandés
		Art. 6. — *Entretien de bourses ou fractions de bourses.*	
»	»	§ 1er. — A l'Ecole préparatoire de médecine et de pharmacie d'Alger......................	»
5.800	»	§ 2. — Au Lycée d'Alger (anciennes bourses au collége arabe-français)......................	5.800
2.000	»	§ 3. — Aux écoles d'arts-et-métiers............	»
»	»	§ 4. — Aux instituts agricoles................	»
»	»	§ 5. — Aux écoles vétérinaires d'Alfort, de Lyon et de Toulouse..............................	»
3.600	»	§ 6. — A l'école normale primaire	3.600
11.400	»	Total de l'article 6.............	9.400
		Art. 7. — *Entretien d'élèves sages-femmes à la Maternité de Paris*...................	
»	»		»
		Art. 8. — *Gratifications pour belles actions et actes de dévoûment aux Européens et aux Indigènes*..............................	
»	»		»
		Art. 9. — *Encouragements divers à l'agriculture, à l'industrie, aux lettres et aux beaux-arts.*	
1.200	»	§ 1er. — Primes à l'agriculture européenne et indigène	1.200
3.200	»	§ 2. Exposition locale permanente............	8.600
1.200	»	§ 3. — Société d'agriculture	1.200
400	»	§ 4. — Société historique algérienne	400
300	»	§ 5. — Société de climatologie................	300
»	»	§ 6. — Exposition permanente de Paris.........	»
750	»	§ 7. — Encouragement divers..................	330
1.000	»	§ 8. — Subvention à la bergerie de Ben-Chicao ..	1.000
8.030	»	Total de l'art. 9.......	13.030

...dits antérieurs.			Crédits demandés.	
»	»	ART. 10. — *Indemnités aux employés de la Préfecture pour travaux extraordinaires au Conseil général*	1.000	»
9.000	»	ART. 11. *Subventions aux communes pour insuffisance de revenus ordinaires*	9.000	»
28.630	»	ENSEMBLE DU CHAPITRE V. — Primes, Subventions, Encouragements	32.610	»

Chapitre VI.

SERVICES CIVILS INDIGÈNES.

»	»	ARTICLE UNIQUE. — *Subventions aux diverses institutions de bienfaisance musulmane.* Néant.	»	»

Chapitre VII.

7.811	25	Réserves pour dépenses diverses et imprévues....	5.750	»

RÉCAPITULATION DE LA SECTION III.

»	»	Chapitre 1er. — Frais de perception des revenus provinciaux et remboursements	»	»
13.310	»	Chapitre 2. — Administration............	10.169	»
9.300	»	Chapitre 3. — Assistance publique............	10.460	»
74.700	»	Chapitre 4. — Travaux..................	97.200	»
28.630.	»	Chapitre 5. — Primes, subventions, encouragements..............................	32.610	»
»	»	Chapitre 6. — Services civils indigènes.......	»	»
7.811	25	Chapitre 7. — Dépenses diverses et imprévues...	5.750	»
133.760	25	Total de la Section III..........	156.189	»

Crédits antérieurs.		Crédits deman

SECTION IV

DÉPENSES SPÉCIALES

130.000 »	Indemnités variables aux agents du service du cadastre	»
» »	Subvention extraordinaire de l'Etat.	»

RÉCAPITULATION GÉNÉRALE

193.031 02	Section 1. — Restes à payer des exercices antérieurs	210.581
1.736.570 20	Section 2. — Dépenses ordinaires et obligatoires..	1.823.128
133.760 25	Section 3. — Dépenses extraordinaires et facultatives	156.18[illegible]
130.000 »	Section 4. — Dépenses spéciales........	»
2.193.061 47	Total général des Dépenses.......	2.191.80[illegible]

BILAN

Recettes	1.676.50[illegible]
Dépenses	2.191.80[illegible]
Excédant de dépenses de.......	515.30[illegible]

Le Préfet en congé :
Le Secrétaire Général de la Préfecture,
L. TELLIER.

ERRATA

Page 47 : Le § 5 de l'article 5, 2e section (Recettes), doit être rectifié ainsi qu'il suit (2e alinéa) :

« Aux termes de cet arrêté (arrêté du Gouverneur général du 9 juin 1858), le nombre des admissions a été fixé à 60 pour la province d'Alger et à 10 pour les provinces d'Oran et de Constantine, en tout 70 lits.

» Mais un arrêté postérieur, en date du 3 juin 1861, modificatif de l'arrêté précité du 9 juin 1858, a fixé à 20, au lieu de 5, le nombre de lits à mettre à la disposition de chacune des provinces latérales. »

Les frais d'entretien, etc.

Page 96 : *Prisons civiles, locations d'immeubles* (Blida), lire : Bail passé le 16 janvier 1866, au lieu de 1868.

Page 122 : au 8e alinéa, *Orphelinats*, lire : Les budgets antérieurs comprenaient un crédit général de 2,400 fr. (au lieu de 2,000 fr.), pour les besoins du territoire militaire.

RAPPORTS SPÉCIAUX

IMPOT FONCIER

CENTIMES ADDITIONNELS

AU PROFIT DU DÉPARTEMENT

Une décision du Gouvernement du 2 juillet 1864, conforme au vœu émis, à diverses reprises, par le Conseil général et la Chambre consultative d'agriculture, contient les dispositions ci-après :

« 1° La contribution foncière sera établie en Algérie, à » partir d'une époque et suivant des règles qui seront dé- » terminées ultérieurement par un décret, sur toutes les pro- » priétés privées urbaines et rurales qui ne sont point au- » jourd'hui ou qui ne seront point à cette époque assujéties » aux impôts arabes;

» 2° Les matrices et autres états et rôles nécessaires à » cet effet, seront dressés dans un bref délai.

» On se conformera, pour les opérations, aux lois et règle- » ments suivis en France, sauf à faire modifier les disposi- » tions qui ne seraient pas susceptibles d'être appliquées en » Algérie à raison de certains détails de son organisation » administrative. »

A cette époque, ces dispositions de principe avaient été arrêtées, sous la réserve formellement exprimée de laisser les propriétaires jouir, pendant quelques années encore, de l'exemption du principal de l'impôt au profit du trésor; mais *dans le but de permettre aux communes et aux provinces de s'imposer immédiatement pour leurs dépenses d'utilité publique, provinciales ou communales, d'après les bases fournies par l'évaluation de la propriété.*

On faisait déjà ressortir à ce moment que les provinces et les communes étant étroitement intéressées au prompt établissement des matrices foncières, il importait de hâter l'exécution des mesures préparatoires prescrites par la législation pour les mettre en possession de ce moyen normal et et efficace de parer à l'insuffisance de leurs ressources.

C'est dans ce but que, sous la direction d'un service spécial, créé à cet effet sous le nom de : Service du Cadastre, les opérations préliminaires à l'établissement de l'impôt foncier ont été entreprises dans le département. Toutefois, par suite de diverses circonstances, ces opérations n'ont pu être terminées dans le délai prévu, et leur achèvement occupera encore une partie de l'année prochaine.

Les tableaux ci-après, qui font connaître l'état d'avancement des travaux, indiquent que les communes où les opérations restent en cours d'exécution, sont encore au nombre de 13 :

ÉTAT *comprenant les communes dont le cadastre est complètement terminé.*

Noms des communes.	Revenu réel.	
Alger	5.260.078	»
Mustapha	488.420	»
Bouzaréa	71.208	»
St-Eugène	135.188	»

El-Biar	126.006	»
Blida et Beni-Mered	810.593	»
Médéa	422.969	»
Miliana et Affreville	477.900	»
Maison-Carrée et Rassauta	283.011	»
Rouïba	176.939	»
Fondouk (le)	178.167	»
Sidi-Moussa	182.267	»
Arba (l')	241.957	»
Chebli	351.326	»
Birmandreïs	57.314	»
Birkadem	121.100	»
Chéragas	196.615	»
Dély-Ibrahim et Draria	123.474	»
Kouba et Hussein-Dey	249.823	»
Rovigo	114.655	»
Castiglione	37.040	»
Boufarik	542.903	»
Souma	88.055	»
Atatba	100.204	»
Oued-el-Aleug	268.522	»
Réghaïa (la)	71.119	»
Coléa	230.490	»
Vesoul-Benian	22.809	»
Bou-Medfa	23.824	»
Ameur-el-Aïn	77.485	»
Duperré	56.199	»
Teniet-el-Haâd	58.359	»
Total	11.054.923	»

ÉTAT *comprenant les communes dont le cadastre est en cours d'exécution.*

Noms des communes.	Revenu approximatif.
Douéra et Mahelma	245.000 »
Marengo	310.000 »
Cherchel	330.000 »
Ténès et Montenotte	325.000 »
Mouzaïaville et la Chiffa	300.000 »
Orléansville	120.000 »
Aumale	390.000 »
Dellys	365.000 »
Bordj-Menaïel	24.000 »
Alma, St-Pierre et St-Paul	370.000 »
Boghar	140.000 »
Boghari	43.000 »
Berrouaghia	38.000 »
Total	3.000.000 »

RÉCAPITULATION

Revenu imposable	Résultat réel	11.654.923 »
	Résultat approximatif	3.000.000 »
	Total	14.654.923 »

Il ressort de ces deux documents que les propriétés foncières du département représentent un revenu imposable d'environ 14 millions de francs; mais ce chiffre, dans lequel entrent pour environ onze millions les communes cadastrées n'est qu'approximatif et manque, par suite, de tout caractère officiel pour les treize communes dans lesquelles le cadastre se poursuit et dont le revenu est évalué à environ trois millions.

Au moment où le Conseil général va voter le budget de 1872, la grave question financière s'impose à son examen le plus attentif. Elle sollicite de lui une étude approfondie des voies et moyens à employer pour arriver non-seulement à combler un déficit qui s'accumule d'une manière alarmante, mais encore pour parer aux besoins impérieux de divers services départementaux qui restent depuis plusieurs années insuffisamment pourvus.

C'est nécessairement dans les centimes additionnels à l'impôt foncier que l'on doit chercher la solution de ces difficultés, alors surtout que, suivant les dispositions des décrets des 29 janvier 1868 et 27 octobre 1869, l'Etat a fait abandon à la province, pendant un délai de 4 ans, aujourd'hui expiré, d'un sixième dixième du produit de l'impôt arabe, lequel sixème était surtout destiné aux travaux du cadastre qui doivent permettre d'appeler les propriétaires fonciers à contribuer aux charges communes.

Le Conseil général aura donc à envisager les ressources qu'il peut tirer de la situation cadastrale.

En attendant que le moment soit venu de donner à l'impôt foncier, en Algérie, la physionomie d'un impôt de répartition, (restant fictif), il pourrait demander à utiliser les matrices foncières dans les conditions de la décision de principe du 27 juillet 1864, c'est-à-dire au point de vue de l'assiette des centimes additionnels, — puis, indiquer le nombre des centimes départementaux à demander aux contribuables.

Il est superflu d'ajouter que les votes qu'il pourrait formuler à cet égard devraient être confirmées par une loi spéciale autorisant le département à s'imposer le nombre de centimes que ses délibérations auraient préalablement indiqué.

Si la loi à intervenir était rendue à l'ouverture de l'exercice, les rôles de perception de chaque commune pourraient être préparés dès le commencement de l'année.

Ici, il est vrai, une difficulté se présente en ce que le cadastre reste à terminer sur treize communes, et que conséquemment, le chiffre total officiel du revenu imposable n'est pas encore exactement connu.

On ne saurait, sans blesser l'équité, se borner à demander une contribution territoriale aux propriétaires des communes cadastrées, et ajourner la perception de cette contribution en ce qui concerne les communes dont les matrices cadastrales n'auraient pas encore pu être établies.

Ce mode de procéder aurait pour conséquence la violation du principe qui consacre l'égalité des contribuables devant l'impôt.

Il faut donc associer à cette charge l'ensemble du département.

On ne pourrait d'avantage songer à taxer une partie du département sur les bases fixes du cadastre, tandis que l'autre resterait imposée sur les prévisions plus ou moins exactes à obtenir, soit des déclarations des propriétaires, soit d'une moyenne d'évaluation par hectare des superficies à cadastrer. Là, encore, l'impôt manquerait à sa première loi qui est la proportionnalité.

Il est à remarquer, au surplus, en ce qui concerne le premier de ces expédients, qu'en raison du caractère français, rebelle au système des déclarations, il resterait inefficace même avec la menace d'une pénalité. Quant au second mode, si l'évaluation moyenne par hectare peut suffire lorsqu'il s'agit de fixer les contingents d'une commune, parce que les terres de bonne et de mauvaise qualité se font compensation, il est tout à fait vicieux pour la formation d'un rôle nominatif.

En l'état donc, il ne paraît y avoir qu'une marche à suivre :

1° Préparer, au 1er janvier 1872, les rôles des communes dont le cadastre est terminé;

2° Procéder pour les autres communes à la préparation de ces rôles, au fur et à mesure de l'achèvement des opérations cadastrales.

Or, comme le travail du cadastre paraît pouvoir être achevé dans tout le territoire départemental, au mois de juillet prochain, et le sera certainement avant la fin de l'année 1872, il en résultera que les rôles pourront être dressés, pour toutes les communes, pendant le cours de l'exercice qui va s'ouvrir, et qu'il n'y aura de différence entre les diverses communes, au point de vue de l'impôt, qu'en ce qui touche l'époque de la mise en recouvrement des rôles, époque rapprochée pour les territoires cadastrés, et un peu plus tardive, selon le moment où les matrices seront établies, pour les autres parties du département sur lesquelles s'effectuent les opérations.

Les éclaircissements qui précèdent mettront le Conseil général à même de juger si, malgré les lacunes qu'il présente, le travail cadastral ne peut utilement, comme je l'indiquais plus haut, servir de base à l'assiette de l'impôt foncier en 1872, au point de vue de l'établissement de centimes additionnels applicables aux dépenses départementales et dont le recouvrement serait opéré dans le cours dudit exercice.

Ce principe admis, il resterait à rechercher l'importance de ces ressources nouvelles et à évaluer le nombre de centimes additionnels au principal de l'impôt foncier (devant rester fictif) dont il conviendrait d'imposer la propriété au profit du département.

En France, la contribution foncière en principal pour l'année 1870, présentait un produit de.. 172.500.000 fr.

Auxquels les départements ont été autorisés à ajouter une somme totale *maximum* de 83.000.000

en chiffres rond, soit les 48 % à peu près du principal.

Les documents les plus récents qui puissent permettre d'apprécier le rapport entre la contribution foncière en principal et le revenu net imposable des propriétés immobilières en France, sont ceux qui résultent de l'évaluation nouvelle des revenus territoriaux exécutée en vertu de l'art. 2 de la loi du 7 avril 1850.

D'après ces documents, le principal de la contribution foncière dans la métropole correspond aux 6, 10 % du revenu net imposable. D'après ces mêmes données, le chiffre de 83,000,000, montant maximum des centimes départementaux, est l'équivalent de 2,03 % du revenu net imposable.

En appliquant ces données au département d'Alger, on obtiendrait les résultats suivants :

Le revenu net imposable de la propriété foncière de l'ancien territoire civil du département s'élève à 14 ou 15.000.000 fr., soit le premier de ces chiffres, pour écarter toute chance de mécompte. La proportion de 2.93 % appliquée à 14,000,000 fr. (revenu net imposable), donne un produit de 410,000 fr., soit 400,000 en nombres ronds.

De même le principal fictif à créer dans le département d'Alger serait de 14.000.000 × 6,10 = 854.000. Ce principal serait donc de 854,000 fr.

Appliquant à ce principal le *maximum* des centimes additionnels départementaux autorisé en France, qui est de 0,48 cent. on obtiendrait 854.000 × 0,48 = 409.000.

Si, en raison de ce que la propriété en Algérie restera affranchie du principal de l'impôt, on pouvait songer à demander de plus grands sacrifices à l'accessoire, il y aurait à obtenir de la loi qu'elle fixât un quantum de centimes additionnels proportionné en conséquence. Mais il ne faut pas perdre de vue qu'il pourrait en résulter des charges très lourdes pour la propriété foncière, car les communes arriveront évidemment elles-mêmes à demander à s'imposer extraordinairement pour se créer aussi les ressources qui leur manquent. Vous jugerez s'il convient de s'engager dans une pareille voie.

Vous ne trouverez sans doute pas équitable, en tout cas, de faire peser sur une seule des sources de la richesse publique les charges d'une situation financière que la propriété immobilière n'a pas été seule à amener ; mais, d'autre part, cette situation est telle, que vous voudrez peut être rechercher s'il n'y aurait pas lieu de demander à faire contribuer à la charge commune toutes les branches de revenus auxquelles le département peut être autorisé à recourir en s'appliquant les lois de la métropole.

Dans cet ordre d'idées, on peut entrevoir la possibilité de réclamer comme en France, et d'après des procédés identiques (dont l'application en Algérie ne nécessiterait aucuns frais spéciaux), une part contributive équitable aux revenus mobiliers du commerce de l'industrie et de l'aisance acquise, qu'atteignent déjà deux impôts directs : le droit de patente et la taxe locative.

En ce qui concerne la contribution mobilière, à laquelle la taxe locative en Algérie est complètement assimilable, sauf l'affectation de son produit attribué en totalité aux communes, on remarque qu'en France le contingent personnel mobilier représente le 5 °/₀ du montant des valeurs locatives d'habitations.

A ce principal, les départements sont autorisés à ajouter un maximum de centimes additionnels égal à celui qui est déterminé pour la contribution foncière, soit 48 °/₀, revenant par conséquent à 2,40 °/₀ du montant des valeurs locatives.

Si le Conseil général se décidait à demander à la loi l'autorisation d'appeler cette partie de la richesse mobilière à contribuer à l'accroissement des ressources du département, il pourrait, en restant dans la limite du maximum des centimes additionnels départementaux autorisés, obtenir de ce chef une somme de 100,000 francs, puisque les valeurs locatives d'habitations sont évaluées dans la circonscription départementale à un chiffre d'environ 4,200,000 francs.

Enfin, la contribution des patentes, pour un principal de 60,000,000 fr., fournit en France, aux budgets départementaux, une ressource de 16,500,000 fr., à raison, par conséquent, de 0,27,5 additionnels.

L'application d'une proportion identique donnerait, au département d'Alger, pour un principal de 280,000 fr. environ un revenu nouveau de 77,000.

En résumé, si l'on voulait demander ici à la richesse publique le maximum de ce que les départements sont autorisés à lui demander en France, on arriverait, pour le département d'Alger, à un ensemble de revenus ainsi subdivisé :

Foncière..................	100.000	277 000 »
Mobilière.................	100.000	
Des patentes..............	77.000	

J'ai indiqué les sources auxquelles le Conseil général pourrait recourir pour remédier à la situation critique du budget départemental. Il lui appartient d'examiner s'il doit y puiser et dans quelles proportions il doit le faire, sans perdre de vue toutefois, il faut le répéter, que les communes viendront infailliblement demander à ces mêmes sources leurs suppléments de revenus.

Il est superflu d'ajouter qu'en adoptant l'imposition de centimes départementaux, quelle qu'en soit l'importance, le département aura créé la garantie à offrir aux capitaux privés et se trouvera ainsi à même de s'adresser à l'emprunt pour arriver à liquider promptement la situation dans laquelle se débat péniblement un budget insuffisant et obéré.

Pour le Préfet en congé :
Le Secrétaire général de la Préfecture,
L. Tellier.

OCTROI DE MER

MODIFICATION DU TARIF

Depuis longtemps déjà l'Administration est saisie de demandes tendant à la révision du tarif établi par l'ordonnance du 21 décembre 1844, pour la perception de l'octroi de mer.

En 1868 et en 1869, un projet complet a été soumis aux délibérations des conseils municipaux et du conseil général.

D'après ce projet, sur lequel l'Administration supérieure n'a pas statué, on devait surtaxer la plupart des articles compris dans le tarif en vigueur et soumettre à la taxe certains produits qui en sont affranchis.

Au mois d'octobre de l'année dernière, M. le Préfet Warnier, préoccupé des moyens d'assurer la défense de l'Algérie, sans rien demander à la métropole envahie, remit à l'étude la réalisation du projet dont il s'agit.

Son attention se porta en même temps, sur l'opportunité, de compléter la nouvelle nomenclature proposée en 1868, par l'addition de quelques articles qui, en raison de leur nature et de leur analogie avec d'autres produits déjà imposés, paraissaient susceptibles d'être également soumis à la taxe. On ajouta donc au tarif projeté : le beurre, les poutrelles en fer, les tomettes, carreaux, marbres, les parfumeries de toutes sortes, la bijouterie d'or et d'argent, le papier de tenture, le papier à cigarettes, les cartes à jouer.

Afin de faciliter la perception des droits *ad valorem* sur les diverses catégories de tissus, et en raison de l'emploi chaque jour plus général des produits mélangés, il parut avantageux de substituer une taxe invariable de 4 0|0 à la tarification d'abord admise, laquelle devait être de 3, 4 ou 5 0|0, suivant que les tissus seraient de coton, de lin ou chanvre, de laine, de soie.

Enfin, en ce qui concerne les tabacs en feuille et les tabacs fabriqués, M. le préfet Warnier proposa de remplacer le droit *ad valorem* par une taxe au poids, afin de simplifier également les opérations de la douane et de prévenir certaines difficultés pour le commerce.

Le projet ainsi amendé fut de nouveau soumis à l'acceptation des conseils municipaux à qui l'on demanda, en outre, leur consentement pour l'affectation du surcroît de revenus qu'il devait produire en cinq années, à la garantie et au remboursement d'un emprunt destiné à faire face aux besoins de la défense.

Sur 52 conseils municipaux, 43 ont voté, sans modifications, le nouveau tarif projeté. Ce sont ceux des communes suivantes :

1 Arba.
2 Aïn-Sultan.
3 Aïn-Taya.
4 Ameur-el-Aïn.
5 Attatba.
6 Aumale.
7 Berrouaghia.
8 El-Biar.
9 Birmandreïs.
10 Blida.
11 Boghar.
12 Boghari.
13 Boufarik.
14 Bou-Medfa.
15 Castiglione.
16 Chebli.
17 Chéragas.
18 Cherchel.
19 La Chiffa.
20 Coléa.
21 Dély-Ibrahim.
22 Dellys.

23 Duperré.
24 Fondouck.
25 Hussein-Dey.
26 Kouba.
27 Mahelma.
28 Maison-Carrée.
29 Marengo.
30 Miliana.
31 Montenotte.
32 Mouzaïaville.
33 Orléansville.
34 St-Pierre et St-Paul.
35 Rassauta.
36 Réghaïa.
37 Rovigo.
38 Rouïba.
39 Sidi-Moussa.
40 Souma.
41 Ténès.
42 Teniet-el-Hâad.
43 Vesoul-Benian.

Cinq ou six de ces Conseils ont bien formulé quelques observations relativement à l'emploi de l'impôt et à la nécessité d'appliquer le nouveau tarif sur toute l'étendue des côtes de l'Algérie; mais le tarif en lui-même n'a été l'objet d'aucune critique de la part des Conseils municipaux ci-dessus désignés.

Les Conseils de St-Eugène, Birkadem, Médéa et Oued-el-Aleug ont voté pour une augmentation encore plus forte du tarif proposé. Ceux de Douéra, Affreville et l'Alma tout en adoptant le principe des nouvelles taxes et surtaxes se sont prononcés pour des modifications partielles concernant particulièrement :

1° Le maintien de droits différents pour chaque genre de tissus en faisant payer les tissus mélangés comme la substance la plus imposée qu'ils contiendraient;

2° Le maintien de droits *ad valorem* pour le tabac;

3° L'affranchissement de surtaxes pour les huiles minérales et végétales, le coton, la laine, les vêtements et la lingerie

Le nouveau Conseil municipal d'Alger s'est abstenu de délibérer sur le projet de M. le préfet Warnier; mais l'ancien Conseil était celui qui, précédemment, avait le plus insisté pour l'augmentation des droits d'octroi.

Le seul conseil de la Bouzaréa a formellement rejeté la proposition comme contraire aux intérêts de la commune qui, en raison de la destination assignée aux nouvelles taxes, ne pourrait pas en profiter pour équilibrer son budget.

Les événements politiques se sont tellement précipités qu'il n'y a pas eu lieu de recourir aux mesures financières dont M. le préfet Warnier projetait l'application, dans l'intérêt de la défense du territoire.

Mais l'étude, on peut presque dire l'enquête faite à cette occasion, a confirmé les tendances des anciennes municipalités relativement à la possibilité de demander, par voie d'augmentation du tarif, un supplément de produit à l'octroi municipal de mer.

Si des hésitations se sont produites sur le fond de la question, rien ne parait plus propre à les faire cesser que le résultat identique de cette double instruction faite en des temps différents et par l'organe d'administrateurs et d'assemblées qui se sont renouvelés dans l'intervalle.

L'opportunité proclamée en 1868 et 1869, loin de s'affaiblir est encore plus prononcée aujourd'hui, puisque les divers budgets étant obérés, les communes n'ont plus à compter sur les amples subventions qu'elles recevaient autrefois soit de l'Etat, soit du département. Elle s'accusera davantage encore si le département demande et obtient que les frais d'hospitalisation cessent de lui être imputés.

Je ne reviendrai pas sur les considérations qui ont dicté les votes de vos prédécesseurs ; vous les trouverez dans les procès-verbaux des sessions de 1868 et 1869.

Ils établissent surabondamment les avantages de cet octroi qui, perçu dans les ports par les procédés les plus simples et les moins coûteux, est acquitté par les consommateurs d'une façon presqu'insensible et profite à toutes les communes, proportionnellement à l'importance de leur population.

Je ne perds assurément pas de vue, en vous entretenant de cette importante question, que l'octroi de mer étant essentiellement municipal, le Conseil général est sans qualité pour le voter.

On peut admettre néanmoins, que, tant qu'il restera chargé des dépenses d'hospitalisation, le département peut se dire intéressé directement dans l'examen, comme étant pour un cinquième au lieu et place des communes.

Il est impossible d'oublier, d'autre part, cette objection : que la mesure ne saurait être utilement appliquée, si elle ne devait pas s'étendre à tout le littoral algérien.

On a dit avec raison que, si la surtaxe ne se percevait que dans le département d'Alger, le commerce se détournerait de nos ports pour ceux des départements voisins, d'où il nous arriverait par le transit ordinaire, et que nous aurions ainsi lâché la proie pour l'ombre.

En tout cas, le Conseil général est autorisé à recommander à l'attention du gouvernement les mesures administratives que lui paraît commander l'intérêt général du territoire. Toutefois, avant de se prononcer, il tiendra à se rendre compte des détails ; il voudra peser les diverses opinions qui se sont produites, discuter à nouveau le tarif primitivement adopté et le rapprocher des modifications proposées soit par M. le préfet Warnier, soit par quelques-uns des Conseils municipaux.

Le dossier complet de l'affaire sera, à cet effet, soumis à votre examen.

Il n'est pas possible, dans ces questions de détail, d'obtenir un accord complètement unanime ; mais la majorité des avis et les raisons invoquées à l'appui suffiront pour guider vos déterminations.

Vous verrez que les divergences d'opinion qui se sont déjà manifestées et qui peuvent se produire s'appliquent aux nouveaux produits ajoutés à la nomenclature plutôt qu'aux surtaxes proposées pour les articles déjà imposés.

Le point dominant de la discussion repose donc sur les additions à faire à la nomenclature ;

C'est là que se soulèvent les objections principales.

Au point de vue légal, on s'est demandé :

1° Si le projet en question n'est pas contraire aux stipulations de traités internationaux ;

2° S'il est permis de soumettre aux droits d'octroi d'autres produits que ceux qui sont destinés à la consommation domestique ;

3° Si, dans tous les cas, on n'est pas tenu de se renfermer dans les cinq catégories suivantes déterminées par le décret du 17 mai 1809, et l'ordonnance du 9 décembre 1814 : 1° boissons et liquides : 2° comestibles ; 3° combustibles ; 4° fourrages ; 5° matériaux.

La première de ces objections a été réfutée par le Directeur général des Douanes et des Contributions indirectes, au nom du Ministre des Finances, dans une dépêche du 1er février 1869, visée dans le projet de M. le préfet Warnier.

Les deux autres questions ont été l'objet de décisions contradictoires de la part du conseil d'État et de la cour de cassation.

Mais la jurisprudence qui semble avoir prévalu est contraire aux restrictions que je viens d'énoncer.

Il a été admis que les droits d'octroi pouvaient porter, d'après la demande des Conseils municipaux sur tous les objets de *consommation locale* qui n'en sont pas expressément affranchis par la loi ; que ces mots *consommation locale* sont mis par opposition aux *objets de transit* qui ne doivent pas tomber sous l'application du droit d'octroi *et non pas* dans un sens restreint et *comme s'appliquant seulement aux consommations domestiques.*

D'un autre côté, on a considéré les restrictions du décret du 17 mai 1809 et de l'ordonnance du 9 décembre 1814, comme abrogées par l'ordonnance du 28 avril 1816, portant que *la désignation des objets imposés*, etc.., *seront délibérés par les Conseils municipaux.*

On a même admis que les exceptions que contenaient les lois antérieures relativement aux grains et farines, lait, beurre, etc., sont également effacées, de sorte qu'aujourd'hui les communes n'ont, dans la désignation des objets qui doivent être soumis aux droits d'octroi, d'autres limites que leur propre intérêt, sauf toutefois le droit de surveillance et d'approbation qui n'a jamais cessé d'appartenir au gouvernement. C'est en ce sens que se sont prononcés le plus souvent la pratique administrative, le Conseil d'Etat et la Cour de cassation.

Il était utile d'exposer cet aperçu de la jurisprudence en cette matière afin de faciliter l'examen du Conseil général qui reconnaîtra que les questions sur lesquelles il a à se prononcer sont d'autant plus délicates qu'elles ont donné lieu à de nombreuses controverses.

En résumé, le Conseil général se trouve, par suite de la

nouvelle étude qui a été occasionnellement entreprise, appelé à reprendre une proposition dont la précédente assemblée s'était saisie et sur laquelle il n'a pas encore été statué.

Il s'agirait, par un nouveau vote, de confirmer le vœu déjà émis en 1868, pour le remaniement de la tarification des droits d'octroi de mer, en vue d'augmenter les revenus des communes.

Ce principe admis, il y aurait lieu :

1° D'examiner s'il est utile et pratique d'appliquer cette mesure au seul département d'Alger, et en cas de négative, de formuler le vœu que le projet élaboré soit soumis à une instruction identique dans les deux autres départements algériens.

2° De reprendre la nomenclature des produits à taxer nouvellement ou à surtaxer, et d'arrêter définitivement le tarif à proposer, d'après les délibérations des assemblées municipales et les appréciations personnelles des membres du Conseil général.

Pour le Préfet en congé :

Le Secrétaire général de la Préfecture,

L. Tellier.

PROPOSITION

AU SUJET

DE L'HOSPITALISATION DES MALADES CIVILS INDIGENTS

La situation faite au budget provincial par le décret du 27 octobre 1858, a maintes fois été dénoncée au Conseil général. Elle est donc de notoriété. Je l'ai moi-même résumée en vous faisant connaître, à l'occasion des évaluations de recettes (octroi de mer), que les dépenses d'hospitalisation avaient, en somme, coûté au département une perte de plus de quatre millions en douze exercices.

Vous allez vous occuper à votre tour de cette question si importante pour les finances départementales, en même temps que pour les communes, et qu'il importe enfin de régler.

Je vais la reprendre à son origine, afin que vous possédiez tous les éléments d'examen.

Bien avant la constitution des budgets provinciaux, l'attention du Gouvernement était éveillée sur les proportions croissantes des dépenses d'hospitalisation. Le 15 octobre 1852, le général de Saint-Arnaud fixait par un arrêté ministériel le mode d'admission des malades, et basait ce règlement sur les considérations suivantes : . . . . « l'extension » abusive donnée en Algérie à l'admission gratuite des ma- » lades civils dans les établissements hospitaliers, a eu pour » résultat d'accroître la dépense de ce service dans une pro- » portion qui n'est plus en rapport avec la situation des re-

» venus locaux et municipaux. Dans l'intérêt même des » indigents qui, seuls, ont droit aux secours gratuits de l'as- » sistance publique, il importe de ramener l'administration » des services hospitaliers, sous l'empire d'une règle con- » forme aux principes de l'équité et de la raison. »

Une circulaire ministérielle du 24 mars 1859, signalait à l'attention des Préfets la nécessité de traiter à domicile les maladies légères et prescrivait de n'autoriser l'admission dans les hôpitaux que pour les affections graves. Elle ordonnait, en outre, d'exercer une surveillance attentive sur les médecins de colonisation et de provoquer au besoin la révocation de ceux qui ne se conformeraient pas à ces nouvelles instructions.

Une circulaire du Maréchal Pélissier, en date du 15 novembre 1862, prouve que, malgré les modifications apportées, le service laissait toujours beaucoup à désirer. Le Gouverneur général s'exprimait en ces termes :

« Des plaintes m'ont été adressées par l'administration mi- » litaire sur la trop grande facilité avec laquelle les muni- » cipalités de l'Algérie hospitalisent les ouvriers civils de » passage ; ceux-ci n'entrent généralement à l'hôpital que » pour s'y reposer des fatigues de la route et comme s'il ne » s'agissait pour eux que d'une hôtellerie gratuite. Les ad- » ministrateurs municipaux, en agissant ainsi, ne font que » céder à un sentiment d'humanité qu'on ne saurait blâmer, » mais, en pareil cas, c'est au budget de la commune et non » au budget de l'Etat ou de la Province qu'ils doivent faire » appel.

» Il est commode pour les Maires de se débarasser d'un » voyageur indigent par un billet d'hôpital ; mais cette ten- » dance, en se généralisant, outre le préjudice qu'elle oc- » casionne au trésor ou aux finances provinciales, a le funeste

» résultat de favoriser le vagabondage, de prodiguer à une » population parasite, nomade et cherchant moins que fuyant » le travail, des ressources qui doivent être ménagées pour » la population coloniale et laborieuse.

» Enfin, elle porte une atteinte grave à la discipline et à » la moralité qu'il importe tant de maintenir dans les éta- » blissements hospitaliers, etc. »

Depuis leur création, les Conseils généraux des trois Provinces ont formulé les mêmes plaintes et ont trouvé dans les mêmes abus la cause principale des embarras de la caisse départementale.

La persistance de ces abus est évidemment due à ce que le département chargé de la dépense est complètement impuissant en ce qui concerne les admissions dans les hôpitaux.

Ce soin est forcément délégué au Maire, administrateur de la commune, laquelle a, au point de vue de l'hospitalisation, des intérêts opposés à ceux du Département.

Au lieu de distribuer des médicaments et des secours à domicile, de faire traiter les malades par le médecin de colonisation, les administrations locales préfèrent délivrer des billets d'hôpital, et nos établissements, comme ceux de la guerre, deviennent de véritables maisons de refuge.

En 1864, à l'époque où le déficit commença à se manifester d'une manière inquiétante pour l'avenir, on reconnut qu'il y avait lieu d'atténuer la fâcheuse situation des finances départementales en appelant les communes à contribuer à des dépenses qui, par leur nature, sont, en somme, essentiellement communales, et bientôt la question fut réglée par l'apparition du décret du 20 avril 1866, qui donne aux Conseils généraux le droit de fixer la part contributive des communes.

C'était évidemment la seule combinaison pratique — à une condition, cependant, c'est que cette part contributive fût suffisamment élevée pour que les municipalités eussent intérêt à ne recourir à l'hospitalisation qu'en cas de nécessité.

Le Conseil général d'Alger, faisant immédiatement l'application de la mesure, fixa au 1/5 de la dépense la part à imputer aux communes.

Ce taux était-il suffisant pour amener celles-ci à calculer sur la nécessité de restreindre la facilité des admissions et de s'occuper davantage de faire soigner à domicile les indigents atteints de maladies ne nécessitant pas absolument le traitement de l'hôpital ?

Le relevé suivant qui représente le mouvement des hôpitaux de 1865 à 1869, autorise à se prononcer pour la négative.

ANNÉES	JOURNÉES D'EUROPÉENS	JOURNÉES D'INDIGÈNES	TOTAUX
1865	291.195	71.125	362.320
1866	311.045	91.223	412.268
1867	281.091	143.566	424.657
1868	360.128	190.142	550.270
1869	362.576	132.981	495.557
Totaux	1.606.035	629.037	2.235.072

Sans doute ces chiffres se ressentent des épidémies qui ont sévi en 1867 et 1868 ; mais en 1869 les conditions sanitaires étaient excellentes, et cependant il s'en faut que l'effectif soit retombé à son niveau antérieur.

Les abus signalés persistaient donc ; la mesure destinée à les faire cesser restait inefficace, et l'on se trouvait ainsi en face d'une conclusion radicale, la seule logique, la seule équitable : rendre les communes responsables de l'intégralité des dépenses occasionnées par leurs malades.

De leur côté, les communes prétendaient, avec raison, n'avoir pas à rembourser les frais des malades non domiciliés ; mais ces mêmes frais ne pouvaient non plus tomber à la charge du département, surtout dans le cas de restitution par celui-ci du 1/5 de l'octroi de mer que lui attribue le décret du 27 octobre 1858.

Ce sont ces considérations qui ont dicté au Conseil général l'avis suivant adopté dans la séance du 7 octobre 1869.

« Le Conseil émet l'avis que les frais d'hospitalisation » soient laissés à la charge des communes, moyennant l'a- » bandon par le département du 1/5 de l'octroi de mer, à la » condition que l'Etat pourvoira aux frais d'hospitalisation » des malades n'ayant pas encore de domicile communal, au » moyen d'une somme de 150,000 fr. à forfait, répartie entre » les communes au prorata de leur population. Cette sub- » vention de 150,000 fr. cessera d'être donnée du jour où » les taxes et surtaxes à l'octroi municipal de mer, votées » par le Conseil dans sa session de 1868, seront accordées.

Après avoir indiqué la réforme par laquelle les errements abusifs qui se sont établis pour l'admission des malades doivent inévitablement se rompre, cet avis laisse à la charge de l'Etat les frais des malades sans domicile, et règle la façon dont il serait pourvu à la répartition de la subvention que le budget de la colonisation aurait à fournir à ce titre. Il ne peut être, en effet, question de mettre, sans aucune compensation, les malades non domiciliés, à la charge des communes, lesquelles ne doivent, en principe, supporter que les frais de leurs administrés; les malades ambulants sont, généralement, des ouvriers, des artisans attirés par les besoins de la colonisation, et dont les habitudes nomades proviennent de l'instabilité des travaux qui les font vivre. Ils n'appartiennent pas plus à telle commune qu'à telle autre; on ne peut pas plus les imposer au département qu'ils traversent qu'à ses voisins; par le fait, ils appartiennent à l'Algérie, et il est difficile que le budget de la colonisation répudie les frais de maladie qu'ils occasionnent.

D'après les évaluations approximativement établies, on a admis que le mouvement de ces individus dans les hôpitaux donne lieu à une dépense de 150 à 155,000 fr. en moyenne; ce serait le chiffre de la subvention à demander au budget de la colonisation.

Mais il s'agissait encore de déterminer le mode à suivre pour appliquer cette somme au mieux des intérêts de tous. C'est que, en effet, les abus auxquels il y a lieu de remédier pourraient se reproduire sur une plus grande échelle, peut-être, si, pour les malades sans domicile, tout aussi bien que pour les autres, les communes n'étaient intéressées à se montrer soucieuses, attentives, en un mot économes, dans les admissions.

Sur ce point, le Conseil avait reconnu la nécessité de traiter à forfait avec les communes, et de distribuer ladite somme en subventions fixes, basées proportionnellement non pas au chiffre mobile des journées de malades, ce qui ne donnerait pas encore de suffisantes garanties, mais au chiffre fixe de la population.

On peut, à cet égard, se demander si ce mode de répartition atteindra le but proposé. On a déjà objecté que, par ce moyen, les communes qui ne sont pas sur les lignes de passage des ouvriers nomades bénéficieraient des subventions tout comme celles ou les ouvriers sans domicile affluent, c'est-à-dire, celle où se trouve l'hôpital qu'ils recherchent.

Peut-être arriverait-on au résultat en imputant simplement la dépense sur cette subvention jusqu'à concurrence de son chiffre.

Ce détail est très important, et il y aurait intérêt à le régler. Il est bon de noter en passant qu'au fond, les dispositions adoptées dans la dernière session, ne sont pas de nature à obérer les communes, si elles entrent résolument dans la voie de réforme indiquée pour les admissions. On peut se faire à cet égard une appréciation par le rapprochement suivant :

Dans mon projet de budget, par exemple, je prévois une dépense de.............................. 700.000 fr.

Il est calculé que, sur ce chiffre, les communes doivent, d'après le taux actuel, rembourser le 1/5 des frais afférents aux malades domiciliés, soit.............. 140.000 fr.

En ajoutant à ce chiffre : 1° le cinquième de l'octroi de mer attribué au département et qui sera remis aux communes...................... 300.000 »

2° La subvention à fournir, pour le budget de la colonisation que l'on peut admettre au chiffre de............... 155.000 »

On arrive à un produit de............... 595.000 »

qui n'est inférieur que de.................. 105.000 »

au montant des dépenses prévues pour l'ensemble des frais d'hospitalisation.

Or, cette différence peut être considérée comme représentant l'économie que les municipalités sauront obtenir en réalisant l'amélioration poursuivie, c'est-à-dire en faisant cesser les admissions abusives.

Par suite des événements néfastes que nous venons de traverser, le vœu émis par le Conseil général en 1869 n'a pu être suivi d'effet, et vous voudrez, sans doute, le renouveler.

Pour réaliser les vues qui ont conduit au vote du 7 octobre 1869, il y aura lieu de modifier la législation existante de façon :

1° Que les départements soient relevés de la disposition qui a mis transitoirement à leur charge les frais d'hospitalisation des malades civils indigents ; et que, par contre, le le 1/5 du produit net de l'octroi de mer cesse de leur être dévolu ; 2° que les frais de traitement des malades soient placés dans les dépenses obligatoires des communes, afin d'assurer l'exécution des nouvelles obligations qui leur incomberont.

Néanmoins, et tout en poursuivant l'affranchissement du département quant à des dépenses qui ne peuvent équitablement lui incomber, on doit reconnaître que son intervention peut encore être nécessaire pour surmonter certains obstacles de transition.

Il faut, en effet, qu'il soit pourvu aux avances à mettre à la disposition des hôpitaux pour assurer leur fonctionnement en attendant les remboursements à faire par les communes.

On doit également prévoir des difficultés si on impose aux hôpitaux militaires, qui sont très nombreux en Algérie, l'obligation de faire des démarches multiples auprès des diverses municipalités, au lieu de n'avoir, comme aujourd'hui, qu'un débiteur responsable, le département.

Il conviendrait donc que le budget provincial continuât à fonctionner comme rouage intermédiaire, centralisateur d'ordre, pour ainsi dire, faisant avance des sommes à dépenser, et se récupérant par les remboursements des communes intéressées.

Ce rôle devrait être indiqué dans les modifications à apporter au décret du 27 octobre 1858.

A l'égard des recouvrements qu'il aurait à faire sur les communes débitrices, comment les obtiendraient-ils?

Il y a à choisir entre deux systèmes :

Afin de prévenir les mécomptes et les retards pouvant provenir des municipalités, le département pourrait être autorisé à se rembourser de ses avances par la retenue des frais incombant à chaque commune, au moment de la répartition du produit mensuel de l'octroi de mer. Il précompterait ainsi le montant de sa créance sur ces produits, sans avoir à souffrir des moyens dilatoires, dont une partie des communes use aujourd'hui pour retarder ce remboursement. Mais ce procédé exigerait une sanction spéciale à l'occasion de laquelle les principes essentiels de la comptabilité publique pourraient peut-être soulever des critiques d'application.

Le second moyen consisterait à faire figurer le montant présumé des dépenses de chaque commune à son budget, en recourant au besoin à l'inscription d'office, et à délivrer, au receveur des revenus départementaux, un arrêté tenant lieu de mandat sur la caisse du receveur municipal, dans le cas où la municipalité refuserait de mandater elle-même les remboursements réclamés.

Il ne faut pas se dissimuler que, malgré l'emploi de ces moyens, le département aura à subir des inconvénients qui ne laisseront pas que de gêner son allure financière. Il restera souvent à découvert de sommes importantes, à cause des retards qu'entraîneront l'établissement de la comptabilité des hôpitaux et les formalités préalables aux remboursements ; mais il ne me paraît pas possible de refuser le concours de cette intervention qui, je le répète, sera, selon moi, très utile au fonctionnement des établissements hospitaliers.

L'avis formulé par le Conseil général dans sa session de 1869, se termine par la disposition suivante :

« Le Conseil émet également le vœu que les hôpitaux » soient régis par la loi de France, conformément au décret » du 13 juillet 1849. »

L'ancienne assemblée a pensé que l'administration intérieure des hôpitaux n'est pas plus exempte de critiques que les errements suivis pour l'admission des malades.

Elle s'est préoccupée de ceci : que, dans l'état actuel, le Préfet, bien que responsable, ne peut que s'en rapporter aux commissions administratives qui, seules, peuvent voir de près les besoins du service et en constater les défaillances ; tandis que, de leur côté, ces commissions n'ont aucune responsabilité effective et ne sont, en réalité, *administratives* que de nom, n'ordonnançant pas, ne passant pas de marchés, en un mot, n'ayant qu'un droit de proposition. D'où il résulte que les hôpitaux civils, n'ayant pas été émancipés de fait, sont restés confondus dans la personnalité du département, en ce sens que tous les actes de la vie civile et par suite, tous les actes d'administration qui les intéressent, ont continué à être remplis par le représentant du département ; c'est à dire par le Préfet.

C'est cette situation que l'ancien Conseil avait en vue de faire cesser, en exprimant le vœu de voir le décret du 13 juillet 1849 recevoir son application, c'est à dire en poursuivant la reconnaissance des hôpitaux et hospices civils de l'Algérie comme établissements civils jouissant de l'existence civile.

Je crois devoir faire observer, tout d'abord, que les modifications à introduire dans le décret du 21 juillet 1858, et qui font l'objet de la première partie de ce rapport peuvent s'accorder, soit avec le maintien du mode actuel d'administration des hôpitaux civils, ou, en d'autres termes, avec l'action directe du Préfet, assisté de la commission de surveillance, soit avec le fonctionnement de commissions administratives investies de la plénitude des attributions assignées par les lois métropolitaines.

Si l'on doit recourir au système indiqué par le vœu exprimé dans la session de 1869 qui comporte la décentralisation du service intérieur des hôpitaux, le chef du département cesserait de gérer sous l'empire d'une responsabilité directe ; et pour exercer le contrôle qui lui appartient, le concours d'un inspecteur départemental lui deviendrait indispensable. Je cite, en passant, ce nouveau motif en faveur du maintien du crédit que contient le projet de budget pour le traitement de cet agent spécial.

La décentralisation du service ne s'appliquerait, au surplus, que pour les matières à l'égard desquelles cette mesure a été reconnue profitable en France. Ainsi les commissions administratives seraient simplement mises en possession des attributions dévolues aux administrations des hospices de la

Métropole par la législation existante, et notamment, par la loi du 7 août 1851.

Peut-être entrera-t-il dans vos intentions de demander que cette organisation soit appelée à fonctionner sans délai.

Pour ce cas, il ne vous paraîtra pas inutile, en raison des conditions particulières où nous nous trouvons placés, que j'entre dans quelques détails concernant l'exécution.

Pour réaliser cette organisation, au point de vue financier, il suffirait de déléguer périodiquement aux commissions administratives, *sous la forme de subventions*, les crédits alloués au budget provincial pour le fonctionnement des hôpitaux. Ces fonds seraient encaissés par le receveur de chaque hôpital. La commission administrative règlerait leur emploi par un budget *économique* soumis à l'approbation du Préfet. Un ordonnateur choisi dans son sein mandaterait les dépenses au nom des ayants droits.

Pour ce qui est des hôpitaux militaires, il n'y aurait rien à modifier à ce qui se passe aujourd'hui. Ces établissements ne pouvant s'administrer comme les hôpitaux civils, il y aurait toujours lieu de procéder à leur égard, par voie de remboursement des frais de malades et non au moyen de subventions.

D'autre part, afin de mettre l'administration départementale à même de réclamer aux communes le remboursement de leur part contributive, et aux malades non indigents le paiement des dépenses leur incombant, on n'aurait qu'à exiger des commissions administratives, avec la justification de l'emploi des fonds, l'état nominatif des malades traités et l'indication : 1° de la catégorie dans laquelle ils auraient été classés ; 2° de la durée de leur séjour dans l'hôpital ; 3° de la commune d'où ils proviendraient s'ils ne se trouvaient pas sans domicile.

Comme conséquence, il serait indispensable d'établir à la Préfecture une comptabilité particulière des frais d'hospitalisation par malade et par commune.

L'importance de ce travail exigera qu'il soit confié à un employé spécial qui puisse y consacrer tout son temps, sous la direction de l'Inspecteur départemental des établissements de bienfaisance. Le Conseil général aurait à prévoir dans les dépenses générales d'assistance (section II, chap. 3, art. 1er du budget) le traitement de cet employé que je proposerais de fixer à 2,000 francs.

Sous le rapport de la législation, la seconde partie du vœu de 1860 peut s'accomplir sans qu'il soit nécessaire de recourir à aucun changement ni à aucun complément de législation algérienne. A l'heure qu'il est, les hôpitaux et les commissions administratives sont habiles à fonctionner comme leurs similaires de la métropole. Il suffit d'exécuter le décret du 13 juillet 1840 précité.

La question des voies et moyens n'est pas non plus une difficulté. Suivant que les dépenses d'hospitalisation deviendront communales ou conserveront leur caractère départemental, les hôpitaux et les commissions administratives peuvent tirer d'une source différente les fonds qui leur sont nécessaires; leurs budgets peuvent s'alimenter, dans un cas, des subventions à mandater sur le budget départemental, si le département est maintenu comme intermédiaire ainsi que je l'ai indiqué ci-dessus; dans l'autre cas des remboursements que les communes auraient à leur faire directement.

Il ne me reste plus qu'à vous signaler une combinaison administrative qui a paru de nature à produire de bons résultats.

Elle consisterait à confier l'administration des établissements hospitaliers à des Directeurs relevant de l'autorité préfectorale et qui seraient assistés d'une *Commission de surveillance.*

M. le Ministre de l'Intérieur, consulté sur cette question à l'occasion de la composition des Commissions administratives, a répondu dans les termes suivants :

» Il y a, en France, quelques hospices qui, de même que » celui d'Alger, sont affectés aux besoins des indigents de » tout le département, et puisent leurs principales ressources » dans le budget départemental, absolument comme l'hô» pital d'Alger trouve les siennes dans le budget provincial. » Assimilés par leur mode d administration aux établisse» ments spéciaux, asiles d'aliénés et dépôts de mendicité, ils » sont administrés par un Directeur responsable, assisté d'une » commission gratuite de surveillance, composée de cinq » membres nommés par le Préfet, et renouvelables chaque » année par cinquième, les membres en exercice proposant » chaque année un candidat en remplacement du membre » sortant.

» Les établissements de bienfaisance de l'Algérie ayant été » déclarés personnes civiles et ayant une existence propre, » il leur faudrait un budget spécial dans lequel les ressour» ces fournies par le budget départemental figureraient à » titre de subvention.

» Quoi qu'il en soit, du moment que l'hôpital civil d'Alger » donne asile aux malades pauvres, non seulement du dépar» tement, mais de la province, et qu'il puise ses principales » ressourcss dans la coopération du budget provincial, il perd

» complètement le caractère municipal, et la commission de
» surveillance doit être nommée par le Préfet.

» Vous pourrez, au surplus, pour plus de renseignements,
» consulter le décret du 5 juillet 1808, le règlement du
» 10 décembre 1809, la circulaire du 12 avril 1856, l'or-
» donnance du 18 décembre 1839 et le règlement du 20 mars
» 1857, applicables aux dépôts de mendicité et aux dépôts
» d'aliénés auxquels, comme je l'ai dit plus haut, sont assi-
» milés les hospices départementaux. »

Par ce régime, on appliquerait aux hôpitaux algériens l'organisation administrative des dépôts de mendicité et des asiles d'aliénés qui ne sont pas moins indépendants et jouissent, comme les hôpitaux, de l'existence civile. L'administration serait ainsi confiée à un directeur *responsable*, au lieu d'être attribuée à une commission.

Dans ce fonctionnement, la commission n'est pas supprimée, mais elle n'exerce qu'une mission de contrôle sur le directeur, et est appelée à donner des avis sur tout ce qui touche le régime intérieur où les intérêts financiers.

Ce mécanisme, qui est d'une date plus récente que celui des administrations collectives des hôpitaux, a été admis pour les asiles d'aliénés et les dépôts de mendicité, parce qu'il a paru plus propre à assurer l'exécution prompte de la loi.

Bien qu'il soit plus coûteux, en ce sens qu'il exigera la création d'emplois de directeurs, il serait peut-être avantageux d'en faire au moins l'essai en Algérie, où le service hospitalier a tant d'importance et où il n'est pas toujours facile de trouver des personnes éclairées jouissant d'assez de loisirs pour consacrer gratuitement tout leur temps à un service pénible et rempli de difficultés.

Les observations détaillés dans ce rapport se résument dans les conclusions suivantes :

1° Mettre à la charge des communes l'intégralité des frais de traitement des malades domiciliés, en classant ces frais dans les dépenses obligatoires des budgets communaux ;

2° Restituer aux communes le dernier cinquième de l'octroi de mer, en rapportant le n° 4 de l'article 48 du décret du 27 octobre 1858 qui classe ce revenu dans les recettes du budget départemental, tant que ce budget restera spécialement chargé des dépenses relatives aux hôpitaux et hospices ;

3° Demander à l'État la subvention nécessaire, pour le traitement des malades sans domicile, laquelle subvention serait répartie entre les communes à la charge de payer intégralement les frais de ces malades, comme ceux des malades domiciliés.

4° Admettre que le département continuera à s'interposer entre les hôpitaux et les communes, pour fournir aux hôpitaux les fonds nécessaires à leur fonctionnement et pour assurer les remboursements dus par les communes ;

5° Faire fonctionner les hôpitaux et hospices comme établissement jouissant de l'existence civile, soit avec des Commissions administratives, soit au moyen de Directeurs responsables assistés d'une Commission de surveillance.

Pour le Préfet en congé :

Le Secrétaire général de la Préfecture,

L. Tellier.

CHEMINS VICINAUX DE GRANDE COMMUNICATION

Insuffisance des ressources affectées à ces chemins. — Nécessité de réclamer le concours des Communes intéressées, dans les limites fixées par la loi.

Les chemins vicinaux de grande communication, classés aujourd'hui comme tels (1), ont été construits à l'origine sur les fonds de la colonisation.

Quoique les dépenses de construction et d'entretien des chemins vicinaux de grande communication constituent, aux termes de la législation en vigueur, une charge spéciale aux Communes, le budget provincial (budget départemental) l'a entièrement supportée jusqu'à ce jour, au lieu de ne fournir que des subsides, à titre de subvention, pour venir en aide à celles des communes dont les ressources sont insuffisantes.

Il est résulté de cette situation anormale, créée, il faut bien le reconnaître, sous l'empire de circonstances impérieuses et du moment, que le principe de la loi a fléchi et que les communes se sont trouvées affranchies d'une partie de leurs obligations.

La subvention provinciale (départementale) qui est faite depuis 1850, aux chemins vicinaux de grande communication, n'a jamais été proportionnée aux besoins d'un entre-

---

(1) Voir le tableau des Chemins de grande communication, page 100.

tien régulier et si la position devait rester ce qu'elle est, toutes les chaussées seraient inévitablement ruinées dans un temps prochain.

Tous nos efforts doivent tendre à écarter cette éventualité dont les conséquences seraient désastreuses pour l'agriculture et le commerce. Nous devons nous en préocuper sérieusement.

L'application de la loi peut seule nous donner les moyens d'assurer la conservation de nos chemins vicinaux de grande communication.

Les communes sont donc restées étrangères jusqu'ici, non seulement à la confection des chemins vicinaux de grande communication, mais encore à leur entretien ; la commune d'Alger, elle-même, n'est intervenue que dans une très faible proportion dans la dépense annuelle d'entretien du chemin n° 3, pour la partie comprise sur son territoire et qui est soumise à une circulation des plus actives.

Dès la session de 1861, le Préfet avait posé au Conseil général la question de savoir si le produit de la prestation devait continuer à être abandonné intégralement aux communes, ou si, rentrant dans la règle tracée en Algérie par le décret du 8 juillet 1854, si heureusement et si résolument suivie en France, depuis la loi du 21 mai 1836, le Préfet devait faire usage du droit que lui confère l'article 14 § 3, du décret de 1854 (article 8 § 4 de la loi du 21 mai 1836), de disposer des deux tiers des ressources de la prestation pour la construction et l'entretien des chemins vicinaux de grande communication.

Le Conseil général s'est prononcé dans le sens du maintien des anciens errements et, depuis, il a persisté dans cette résolution, chaque fois qu'il a été pressenti sur la même question.

Disons-le, en persistant dans cette voie, le Conseil général avait conscience que l'Etat viendrait en aide au Département pour combler le déficit de son budget, et nous devons reconnaître que l'Etat y a largement pourvu.

Mais les circonstances ont changé. Les sources où l'Etat puisait les subventions qu'il accordait au Département sous diverses formes, notamment en ce qui concerne les voies de communication, sont aujourd'hui taries. L'Etat n'a plus les moyens de continuer les sacrifices qu'il a faits précédemment pour alléger les charges qui incombent au Département. Désormais, nous devons vivre de nos propres ressources : à nous donc d'aviser.

Un premier travail a été établi en vue d'arriver à l'application de l'article 15 du décret du 5 juillet 1854 ; mais en présence des résolutions antérieures du Conseil général, je n'ai pas cru devoir engager la question avec les Conseils municipaux, avant de l'avoir soumise de nouveau au Conseil général, à qui il appartient de prendre une décision que je ne saurais préjuger.

Il ne peut évidemment être question de mettre la totalité de la dépense d'entretien des chemins vicinaux de grande communication à la charge des communes. Ce serait dépasser le but. L'état actuel de leurs ressources, exige qu'on leur laisser une part de la prestation, pour leur permettre d'entretenir les autres voies vicinales, jusqu'au moment où les Conseils municipaux pourront y pourvoir par l'imposition de centimes spéciaux en addition au principal de la contribution foncière.

Mais devant l'impuissance du budget départemental, dont le déficit s'accroît chaque année, il est de toute nécessité de répartir les frais d'entretien entre les communes et le département.

Les chemins vicinaux ordinaires ne peuvent d'ailleurs être utiles et rendre des services à l'agriculture, qu'autant qu'ils aboutissent à des chemins vicinaux de grande communication bien entretenus. Or, il est impossible aujourd'hui, ainsi que je l'ai déjà dit, que le département conserve exclusivement à sa charge la totalité de la dépense.

Les communes comprendront qu'il est de leur intérêt de fournir une partie des ressources nécessaires à l'entretien de celles de ces voies de communication qui les intéressent directement. L'entretien se trouvant ainsi assuré, nous pourrions probablement nous occuper de l'achèvement des chemins commencés et, plus tard, de constructions neuves qui sont dès à présent, reconnues indispensables.

Le Conseil général est donc appelé à se prononcer sur la question, et à déclarer s'il juge le moment venu de faire application de l'article 13, §§ 2 et 3 du décret du 8 juillet 1854 (art. 7, §§ 2 et 3 de la loi du 21 mai 1836), afin de rentrer dans la règle, de pouvoir ensuite imposer les communes dans la proportion des besoins et de leurs ressources, et de restituer enfin au concours pécuniaire du département son véritable caractère, celui de subvention (art. 14, § 1 du décret du 8 juillet 1854, art. 8, § 1 de la loi du 21 mai 1836).

Si le Conseil général consacre le principe de la mesure par un vote affirmatif, l'instruction sera complétée conformément aux prescriptions de la loi, et le résultat lui sera soumis à sa prochaine session, à moins qu'il ne délègue à la commission départementale, par application des dispositions de l'article 77 de la loi du 10 août 1871, les pouvoirs nécessaires pour procéder en vertu de l'article 46, n° 7, de la même loi :

A la désignation des communes qui doivent contribuer à la construction et à l'entretien des chemins vicinaux de grande communication ;

Et à la fixation, pour l'année 1872, de la proportion dans laquelle chaque commune intéressée devra concourir à la dépense d'entretien de la ligne vicinale dont elle dépend.

Pour le Préfet en congé :
Le Secrétaire général de la Préfecture,
L. Tellier.

VOIES DE COMMUNICATION

NOMENCLATURE GÉNÉRALE

DES

Voies de communication classées dans le département d'Alger.

Tableau des routes nationales (1)

	Longueur kilométrique totale.
Route nationale n° 1, d'Alger à Laghouat.	
Ponts-et-Chaussées	166 k. 000
Génie	281 500
	447 500

(1) Les routes nationales ont été classées :
1° Par un décret du 18 juillet 1861, intervenu à la suite d'une délibération du Conseil général du 30 septembre 1862 ;
2° Par un décret du 13 juin 1868, intervenu à la suite d'une délibération du Conseil général du 26 septembre 1866.

	Longueur kilométrique totale.	
Route nationale n° 4, d'Alger à Oran.		
1re circonscription	45	100
2e id.	152	800
	197	900
Route nationale n° 5, d'Alger à Constantine (1).	177	700

Tableau des routes départementales (2).

Route départementale n° 1, d'Alger à Dellys (avec embranchement sur Fort-National), à partir de la borne kilométrique 56k.500, de la route Nationale n° 5 d'Alger à Constantine.		
Ponts-et-Chaussées........................	75 k.	260
Génie........................	27	000
	102	260
Route départementale n° 2, d'Alger à Aumale :		
Ponts-et-Chaussées........................	50	018
Génie........................	70	000
	120	018
Route départementale n° 3, d'Alger à Blida, par Douéra, empruntant la route Nationale à partir des Quatre-Chemins	30	342

(1) Cette route est ouverte entre Alger et le caravansérail d'El-Esnam, sur une longueur totale de 140 k. 500. Il reste à ouvrir la dernière section vers l'extrémité Est du département.

(2) Les routes départementales ont été classées :

1° Par un décret du 26 août 1865, intervenu à la suite d'une délibération du Conseil général du 25 octobre 1864;

2° Par un autre décret du 11 avril 1868, intervenu à la suite d'une délibération du Conseil général du 16 octobre 1867.

	Longueur kilométrique totale.
Route départementale n° 4, d'Alger à Cherchel, par Blida, à partir de l'embranchement avec la route Nationale n° 4, d'Alger à Oran.....	32 784
Route départementale n° 5, d'Alger à Coléa, par Staouëli, à partir du Château-Neuf........	31 087
Route départementale n° 6, de Blida à Coléa...	20 708
Route départementale n° 7, de Blida à l'Alma, par Dalmatie, Souma, Bouïnan, Rovigo, l'Arba, Rivet et le Fondouck (1)..........	50 886
Route départementale n° 8, de Médéa à Miliana, par Amourah (2).	
1re circonscription........................	32 500
2e circonscription........................	30 000
	62 500
Route départementale n° 9, de Miliana à Téniet-el-Haâd.	
Ponts-et-Chaussées........................	4 845
Génie........................	52 000
	56 845

(1) Cette route est ouverte entre son origine sur la route Nationale n° 1, et le village du Fondouck. Il reste à ouvrir la dernière section entre le Fondouck et l'Alma.

(2) Dans la 1re circonscription, cette route est ouverte entre Médéa et le confluent du Baroura et de l'oued El-Arch (longueur : 7.725) ; il reste à ouvrir la partie comprise depuis l'oued El-Arch jusqu'au Chélif (Amoura). — Dans la 2e circonscription, la route est ouverte entre Affreville et le caravansérail du Djendel (longueur : 16,094 m 72) ; elle est en construction entre ce dernier point et le col dit du Soir (longueur : 7,836 m. 68)
Il reste à ouvrir la dernière section jusqu'aux ruines d'Amoura.

	Longueur kilométrique totale.
Route départementale n° 10, de Ténès à Orléanville	84 074
Route départementale n° 11, de Boghni à la route Nationale n° 5, d'Alger à Constantine, par Dra-el-Mizan............................	30 000

Tableau des Chemins vicinaux de grande communication (1)

Chemin n° 1, diamétral de la Mitidja :

Part du hameau de Meridja, passe par Sidi-Moussa, Chebli, Boufarik, Oued-el-Aleug, et aboutit à Mouzaïaville (2). .... 80 k. 140

Chemin n° 2, du pied du Sahel :

Part de la Maison-Carrée, va rejoindre la route départementale n° 2, qu'il emprunte pour franchir l'Harrach, puis se dirige sur la route nationale n° 1, qu'il emprunte jusqu'aux Qua-

---

(1) Les onze premiers chemins ont été classés par arrêté (le Préfet et le Général commandant la province) en date du 31 mars 1860, à la suite des délibérations du Conseil général, en dates des 9 décembre 1858 et 19 octobre 1859.

Le chemin n° 12 a été classé par arrêté (le Préfet et le Général commandant la province) en date du 12 juin 1867, à la suite d'une délibération du Conseil général, du 20 septembre 1866.

Le chemin n° 13 a été classé par arrêté du Général commandant la province, préfet du territoire militaire, en date du 10 décembre 1868, à la suite d'une délibération du Conseil général du 16 octobre 1867.

Le chemin n° 14 a été classé par arrêté préfectoral en date du 15 juin 1870, à la suite d'une délibération du Conseil général du 26 septembre 1866.

(2) Il reste à construire la section entre le haouch Tordjeman et Meridja, sur une longueur de 8,818 m.

Longueur kilométrique totale.

tre-Chemins. A partir de ce point, il longe le pied du Sahel, passe par Berbessa, Attatba et Montebello. Un peu au-delà de Montebello, le chemin se bifurque pour se diriger, d'une part, sur Marengo ; d'autre part, sur Bourkika 69 k.839

Chemin n° 3, d'Alger à Tipaza :

Longe le bord de la mer sur presque tout son parcours. Passe par St-Eugène, Guyotville, Staouëli ; un peu au-delà de ce point, emprunte la route départementale n° 5 jusqu'au-delà du Mazafran ; puis continue son trajet en passant par Fouka, Bou-Ismaël, Tefchoun, Castiglione et Bérard (1) 58 281

Chemin n° 4, de la Maison-Carrée à Coléa :

Direction indéterminée entre la Maison-Carrée et Birkadem. Au-delà de ce point, passe par Saoula, Crescia, Douéra et aboutit à Mahelma, où s'arrête la partie empierrée. Au-delà de Mahelma consiste en une piste au moyen de laquelle il va se souder au chemin du pied du Sahel, sur le bord du Mazafran (rive droite) (2) 40 800

Chemin n° 5, de la Maison-Carrée à l'Arba... 10 430

Chemin n° 6, d'Alger à Rovigo ; part de Sidi-

---

(1) A partir de Castiglione, le chemin est à l'état de piste sur une longueur de 23,822 m.

(2) Il reste à ouvrir la partie située sur les territoires des communes d'Hussein-Dey, de Kouba et de Birkadem (longueur 8,123 m. et au-delà, de Mahelma jusqu'à Coléa.

	Longueur kilométrique totale.
Moussa, passe par Rovigo et s'arrête à la limite du territoire civil (1)...........	9 830
Chemin n° 7, de Boufarik à Souma et aux carrières de Ferrouka.....................	7 000
Chemin n° 8, de Dellys à Tizi-Ouzou, par les Beni-Attar (2).........	22 000
Chemin n° 9, d'Aumale à Sétif, par la forêt de Ksenna (3)............	45 000
Chemin n° 10, d'Orléansville à Téniet-el-Haâd, par l'Ouarcusenis (4)..............	105 500
Chemin n° 11, de Cherchel à Miliana, par les Beni-Menasser (5).......................	69 200
Chemin n° 12, de Cherchel à Ténès (6).......	89 119
Chemin n° 13, d'Alger à Dra-el-Mizan : ancien embranchement de la route départementale n° 1, d'Alger à Dellys, à partir de cette route, aux Issers jusqu'à Dra-el-Mizan...........	32 500
Chemin n° 14, d'Alger au Fondouck : part de la route Nationale n° 5, près de la borne 17e kilomètre ; passe par Meridja et Hamedi.....	14 835

(1) A l'état de piste sur 3,000 m. de longueur, au-delà de Rovigo.

(2) Constitue un simple chemin muletier sur près de 20 kilomètres.

(3) A l'état de piste sur la presque totalité de son parcours.

(4) Ouvert sur environ 30 kilomètres.

(5) A l'état de piste sur la presque totalité de son parcours.

(6) 6,330 m. avec chaussée, à l'état de piste sur le reste du parcours.

www.ingramcontent.com/pod-product-compliance
Ingram Content Group UK Ltd.
Pitfield, Milton Keynes, MK11 3LW, UK
UKHW021855190726
13855UKWH00001B/327